本书系国家社科基金重大研究专项"'一带一路'沿线国家信息数据库"（项目批准号：17VDL001）成果。

"一带一路"国别研究：
斯里兰卡社会与项目投资报告

袁淼 著

THE COUNTRY-SPECIFIC STUDY OF THE BELT AND ROAD INITIATIVE: RESEARCH ON PROJECT INVESTMENT IN SRI LANKA FROM A SOCIAL PERSPECTIVE

中国社会科学出版社

图书在版编目(CIP)数据

"一带一路"国别研究.斯里兰卡社会与项目投资报告/袁淼著.—北京:中国社会科学出版社,2020.1

(国家智库报告)

ISBN 978-7-5203-5862-0

Ⅰ.①—… Ⅱ.①袁… Ⅲ.①"一带一路"—研究报告—世界 ②基本建设投资—研究报告—斯里兰卡 Ⅳ.①F125②F135.849

中国版本图书馆 CIP 数据核字(2019)第 292343 号

出 版 人	赵剑英
项目统筹	王 茵
责任编辑	喻 苗
特约编辑	王玉静
责任校对	刘 娟
责任印制	李寡寡

出　　版	中国社会科学出版社
社　　址	北京鼓楼西大街甲 158 号
邮　　编	100720
网　　址	http://www.csspw.cn
发 行 部	010-84083685
门 市 部	010-84029450
经　　销	新华书店及其他书店

印刷装订	北京君升印刷有限公司
版　　次	2020 年 1 月第 1 版
印　　次	2020 年 1 月第 1 次印刷
开　　本	787×1092　1/16
印　　张	8.5
插　　页	2
字　　数	85 千字
定　　价	48.00 元

凡购买中国社会科学出版社图书,如有质量问题请与本社营销中心联系调换
电话:010-84083683
版权所有　侵权必究

"人大国发院·国别研究系列"
编委会

编委会主任 刘元春

编委会副主任 严金明　时延安　岳晓勇

编委会成员（排名不分先后）

　　杨光斌　时殷弘　陈　岳　金灿荣　宋新宁

　　蒲国良　陈新明　关雪凌　黄大慧　张勇先

　　金　鑫　杨　恕　王　振　戴长征　孙壮志

　　王逸舟　陈志瑞

总　序

许勤华[*]

中国人民大学国家发展与战略研究院"一带一路"研究中心集中国人民大学国际关系学院、经济学院、环境学院、财政金融学院、公共管理学院、商学院、社会与人口学院、哲学院、外国语学院和重阳金融研究院的相关人文社科优势学科团队，由许勤华教授、陈甬军教授、王义桅教授、王文教授、戴稳胜教授和王宇洁教授六位首席专家领衔，与中心其他成员共二十位研究员一起，组成了中国人民大学国家高端智库领导下的全校"一带一路"研究的整合平台和跨学科研究团队。

团队围绕"一带一路"建设与中国国家发展、"一带一路"倡议对接沿线国家发展战略、"一带一

---

[*] 许勤华，项目执行组长，中国人民大学国际关系学院教授，中国人民大学国家发展与战略研究院副院长、"一带一路"研究中心主任。

路"倡议与新型全球化、"一带一路"倡议关键建设领域四大议题（基础设施投资、文明互鉴、绿色发展、风险治理、区域整合）展开研究。致力于构建"一带一路"沿线国家信息数据库，并在大数据基础上，深入分析沿线国家政治、经济、社会和环境变化，推出"一带一路"智库丛书年度国别系列，为促进"一带一路"建设夯实理论基础、提供政策制定的智力支撑。国别报告对"一带一路"沿线关键合作的64个对象国进行分类研究，规划为文化系列、安全系列和金融系列三类。

习近平主席倡导国与国之间的文明互鉴，强调了文化共融是国际合作成败的基础，深入了解合作国家的安全形势是保障双方合作顺利的前提，资金渠道的畅通是实现"一带一路"建设共商、共建、共享的关键。鉴于目前中国面临世界百年未有之大变局，"一带一路"倡议面临着巨大的机遇与挑战，因此我们首先完成国别研究的安全系列，希冀为"一带一路"合作保驾护航。在国家社科基金重大项目"'一带一路'沿线国家信息数据库"（项目组长为刘元春教授）完成后，数据库将在条件成熟时，尝试以可视化形式在国发院官网呈现。这也是推出国别报告正式出版物的宗旨。国发院积极为国内外各界提供内部政策报告以及产学研界急需的社会公共研究产品，是中国人民大学作为"世界一流大学"为国家社会科学建设贡献的一分力量。

感谢全国哲学社会科学工作办公室的信任，感谢项目其他两个兄弟单位上海社会科学院和兰州大学的协作，三家在"一带一路"建设重大专项国别和数据库项目研究中通力合作、充分交流，举办了各类学术交流活动，体现了在全国哲学社会科学工作办公室领导下一种成功的、新型的、跨研究机构的合作研究形式，中国人民大学能够作为合作研究的三家单位的秘书处单位深感荣幸。

前　言

　　斯里兰卡地处印度洋核心区域，扼印度洋战略要道，是各大国的关注焦点。2009年，持续了近30年的内战结束，斯里兰卡的经济经历了短暂的快速发展后陷入停滞。政治生态环境不稳、经济增长乏力、族群和宗教矛盾导致潜在冲突的危险性高是当前斯里兰卡社会发展面临的挑战。中国对斯里兰卡的直接投资始于20世纪80年代中期，随着斯里兰卡内战结束，中斯双边合作情况良好，中国逐渐成为斯里兰卡最主要的外资来源国之一。自中国"一带一路"倡议提出以来，斯里兰卡给予了积极回应，成为首批公开表态支持"一带一路"倡议的国家之一。作为"21世纪海上丝绸之路"的重要参与国家，斯里兰卡是中国海上能源生命线上的关键节点和商船的主要补给基地。同时，由于地处"孟中印缅经济走廊"和"中巴经济走廊"的延长线和交叉点上，斯里兰卡也成为连结中国与印度洋其他国家的桥梁。

自"一带一路"倡议提出以来，两国间的合作硕果累累。2009—2017年，中国对斯里兰卡投资存量上涨了46倍有余。中斯在基础设施领域合作的主要标志性项目包括普特拉姆燃煤电站、科伦坡机场高速公路、莫勒格哈坎达水坝（M坝）、科伦坡港口城、汉班托塔港等，两国从电力、交通、能源、运输等方面开展了积极务实的合作。同时，两国间的合作还涵盖了金融、信息技术、电信业、公共卫生、教育等多个领域，特别是在医疗和职业培训等方面，充分尊重斯里兰卡主权和人民意志，使"一带一路"合作惠及两国人民。2017年，中国成为斯里兰卡最大外资来源国，中国投资占其当年外来投资总额的35%。斯里兰卡不仅需要吸引中国的投资为其经济发展提供动力，也希望借助中国的影响力和经济实力更深层次地参与到全球产业链中。虽然由于斯里兰卡政治环境的变化，两国合作经历了短暂波折，但基于发展的需要，未来合作前景仍然积极，两国合作将实现互利共赢。

随着中国在斯里兰卡投资项目规模的扩大，斯里兰卡社会环境的变化对中国的投资安全也造成挑战。本书立足于斯里兰卡政治、经济、文化及社会环境研究，突破常有的国家研究视角，从社会安全角度，对中国在投资过程中可能遇到的影响因素进行分析。在已有的南亚区域研究与斯里兰卡国别研究中，学者们对于斯里兰卡国内情况或中国对斯里兰卡的投资情况都给予了较多关注，但尚缺少将两者结合起来的系统研究与讨论。而中国近几年在斯里兰卡投资的大型项目屡遭搁浅或质疑，因此，立足于斯里兰卡国内具体情况，透视中国在斯里兰卡投资安全十分必要。本书通过结合科伦坡港口城项目和汉班托塔港项目等投资案例，尝试归纳出中国在斯里兰卡投资过程中的机遇和挑战，以期为中国在斯里兰卡"一带一路"建设的未来提供借鉴和参考。

《"一带一路"国别研究：斯里兰卡社会与项目投资报告》一书是"'一带一路'沿线国家信息数据库"项目子课题——"斯里兰卡国别研究"的部分成果。本项研究得以顺利开展与进行离不开"一带一路"沿线国家信息数据库项目组为本项研究提供的支持与保障，感谢中国人民大学国家发展与战略研究院、中国人民大学国际关系学院的指导与帮助，同时还要感谢对外经济贸易大学国际关系学院院长戴长征教授为本书在研究方法和研究思路上提供的指点和建议，以及给予我诸多帮助的老师和同门。本书能够出版，于我而言是莫大的鼓励，我将以此为起点，继续深潜于相关研究。虽然我在研究与写作中常怀敬畏之心，但由于才疏学浅，书中难免存在错漏与不足，敬请各位前辈与同人批评指正，特此感谢！

摘要： 斯里兰卡地处印度洋战略要道，同时也是中国"一带一路"建设的重要国家，在中国的对外投资中占据重要地位。随着中国在斯里兰卡投资的深入，综合考虑了自然因素、国际因素以及其他广义社会因素的社会安全视角，为项目管理提供了必要参考。在政治环境、经济发展、法律环境、社会文化、生态卫生这五个社会安全维度的影响下，腐败低效、政治生态、外债负担、法律制度、公共安全和环境保护成为现阶段影响在斯里兰卡国际投资项目安全的重要因素。中国在斯里兰卡的投资以大型基础设施建设项目为主，通过典型案例分析，其面临的投资项目安全问题，既符合共性，也拥有其特殊性，包括国内政治斗争对中国议题的利用，大国地缘政治竞争导致中斯双边关系的不确定性，该国对中国投射"外债焦虑"，项目投资过程中环境保护的需要以及中国项目舆论环境的恶化等。由于斯里兰卡的发展需要，中国未来在斯里兰卡投资前景仍然保持积极，而投资规模的进一步扩大，也对项目管理和运营提出了更高要求。

关键词： "一带一路"；斯里兰卡；社会；项目投资

Abstract: Sri Lanka is located on the strategic route of the Indian Ocean. It also occupies an important position in China's "Belt and Road" construction and China's outbound investment. The social security perspective, comprehensively considering natural factors, international factors and other generalized social factors, is providing necessary reference for project management with the deepening of Chinese investment in Sri Lanka. The political environment, economic development, legal environment, cultural and ecological environment make up five analytic perspectives of social security. Under this framework, corruption, political environment, foreign debt, legal system, public security and environmental protection have become important factors affecting the social security of international investment in Sri Lanka. China's investment in Sri Lanka has given priority to large infrastructure construction projects. After the case studies based on the analytical framework, the book indicates that China's investment safety in social perspectives is in line with the common, also has its particularity, which includes the domestic political struggle of Chinese issues, the uncertainty of bilateral relations caused by geopolitical competition between large countries, Sri Lanka's projected "anxiety" to China, the requirement of environmental protection and deterioration in the public opinion towards China, etc. Due to the development needs of Sri Lanka, the prospect of Chinese investment in Sri Lanka remains positive. Higher requirements for project management and operation would be necessary because of the expansion of investment scale.

Key Words: The Belt and Road, Sri Lanka, Social Perspective, Project Investment

目 录

一 社会安全与国际投资风险 …………………（1）
 （一）社会安全与国际投资风险研究概述 ……（2）
 （二）影响国际投资的社会安全因素 …………（6）

二 斯里兰卡的社会安全状况 ………………（22）
 （一）政治环境陷入动荡 ………………………（22）
 （二）经济发展放缓 ……………………………（36）
 （三）法律制度较为完善 ………………………（46）
 （四）社会文化环境多元 ………………………（50）
 （五）生态环境状况良好 ………………………（56）

三 影响斯里兰卡项目投资的社会安全因素 …（59）
 （一）腐败低效因素 ……………………………（59）
 （二）政治生态因素 ……………………………（62）
 （三）外债因素 …………………………………（66）

（四）法律制度因素 …………………………………（70）
（五）公共安全因素 …………………………………（72）
（六）环境保护因素 …………………………………（77）

四 中国对斯里兰卡投资的现状与案例分析……（79）
（一）中国对斯里兰卡投资的历史与现状 ……（79）
（二）中国在斯里兰卡投资案例分析 …………（82）

五 中国对斯里兰卡投资的安全问题与前景……（97）

附录 斯里兰卡综合国别数据库（节选）………（102）

参考文献 ……………………………………………（104）

一　社会安全与国际投资风险[*]

日益活跃的全球贸易投资活动，带动了学术领域对东道国国家安全与投资国项目风险的相关关系研究。以东道国国家安全为中心的研究，虽然充分考虑了在投资过程中国别要素的影响，但在其分析框架中，也存在着对社会环境关注不够，对社群环境、生态安全和人口结构等要素缺乏讨论的状况。在实际的投资实践中，跨国企业往往需要"扎根"于东道国的社会环境中，社会安全问题一旦扩大和强化，就会直接影响到东道国的投资安全和企业利益。因此，对国家安全的关注不仅在企业投资初期的区位选择时有着不可或缺的意义。要获得持续、稳定的经营环境，也需要以社会安全为中心进行投资安全问题的考量与研究。

一般来说，狭义的"社会安全"与国民安全、国

---

[*] 本书为国家社会科学重大研究专项"推动绿色'一带一路'建设研究"（18VDL009）与国家社会科学一般项目"新时代中国能源外交战略研究"（18BGJ024）的阶段性成果。

土安全、经济安全、政治安全、军事安全等概念相对。但包含自然因素、国外因素等重要影响因素的广义社会安全因素，也会与构成国家安全的社会安全要素、影响和危害国家安全的社会因素，以及维护国家安全的社会保障等产生联系和作用。[①] 而对于投资项目，特别是大型跨国投资项目，通常会受到多方面因素共同作用影响。因此，当以社会安全为中心讨论投资风险问题时，以狭义的"社会安全"范围进行分析，就存在解释力不足的问题，考虑影响和危害社会安全的多种因素十分必要。

（一）社会安全与国际投资风险研究概述

不同学科对影响投资安全的"社会安全"因素的定义和侧重有所不同。有学者综合运用多种视角，构建了衡量投资风险的社会安全指标体系。Wei 在分析 FDI 双边存量的影响因素时，综合使用了税率、腐败、税收抵免、政治稳定、国内生产总值、人口、两国之间距离、国家之间的语言联系和工资率等多项指标。[②]

[①] 刘跃进：《国家安全体系中的社会安全问题》，《中央社会主义学院学报》2012 年第 2 期。

[②] Shangjin Wei, "How taxing is corruption on international investors", *Review of Economics and Statistics*, Vol. 82, No. 1, 2000, pp. 1–11.

Habib 和 Zurawicki 使用了变量人口、国内生产总值增长、人均国内生产总值、失业率、经济开放程度、科学和技术指标、文化距离和政治稳定来分析外国直接投资流入。① McGowan 建立了包含政治风险指标（东道国政府对待 FDI 的态度、冲突和腐败）、经济风险指标（人均国民总收入、FDI 潜力和通胀率）的模型，以衡量东道国社会环境对 FDI 的影响程度。②

大多数观点认为，社会安全程度③与投资风险呈负相关关系，社会安全状况的稳定可以营造良好的投资环境。Jensen 认为，政治安定的民主国家为外资企业提供了游说各级政府的机会，使它们能够更好地适应企业的利益代表偏好。④ Li 和 Vashchilko 指出，即使不引发任何政策变化，国家间军事冲突仍可能减少双边

---

① Mohsin Habib and Leon Zurawicki, "Corruption and foreign direct investment", *Journal of International Business Studies*, Vol. 33, No. 2, 2002, pp. 291 – 307.

② C. B. McGowan Jr. and Susan E. Moeller, "A model for making foreign direct investment decisions using real variables for political and economic risk analysis", *Managing Global Transitions*, Vol. 7, No. 1, 2009, pp. 27 – 44.

③ 在现有研究中，主要表现以政治安定、民主程度和经济发展稳定作为衡量标准。

④ Nathan M. Jensen, "Democratic governance and multinational corporations: Political regimes and inflows of foreign direct investment", *International Organization*, Vol. 57, No. 3, 2003, pp. 587 – 616. Nathan M. Jensen, "Political risk, democratic institutions, and foreign direct investment", *The Journal of Politics*, Vol. 70, No. 4, 2008, pp. 1040 – 1052.

投资。① Stevens 认为，货币贬值、债务违约、政府短命等政治不稳定信号，会影响投资者对未来投资环境稳定性的判断。② Siddharthan 通过比较中印两国的区位发展差异，提出外国直接投资主要流向富有、具有良好的物质和体制基础设施、拥有高技能劳动力和技术先进的国家。③ Kolstad 和 Tøndel 则提出，外国直接投资主要受到大型市场、开放的经济体制、获得自然资源和其他竞争优势的吸引。④

也有一些文献持相反意见。Li 和 Resnick 认为，在投资者眼中，威权政体优于民主政体。独裁政府更善于保护和隐藏市场主导产业、更有能力在公众监督之外提供减税和补贴、更能抵御来自国内产业的保护压力。⑤

---

① Quan Li and Tatiana Vashchilko, "Dyadic military conflict, security alliances, and bilateral FDI flows", *Journal of International Business Studies*, Vol. 41, 2010, pp. 765 – 782.

② Guy V. G. Stevens, "Politics, economics and investment: Explaining plant and equipment spending by US direct investors in Argentina, Brazil and Mexico", *Journal of International Money and Finance*, No. 19, 2000, pp. 153 – 183.

③ N. S. Siddharthan, "Regional differences in FDI inflows: China-India comparison", *Institute of Economic Growth*, 2006, pp. 1 – 20.

④ Ivar Kolstad and Line Tøndel, "Social development and foreign direct investments in developing countries", *Development Studies and Human Rights*, Report R, 2002, p. 11.

⑤ Q. Li and A. Resnick, "Reversal of fortunes: Democratic institutions and foreign direct investment inflows to developing countries", *International Organization*, Vol. 57, No. 1, 2003, pp. 175 – 211.

Jarvis 和 Griffiths 表示，金融危机之后，看似拥有稳定社会环境的西方自由民主和资本主义国家并没有为外国投资者消除投资风险。[①] Houston 则更加具体地指出，影响社会稳定状况的腐败因素，可以导致经济扩张，克服效率低下的官僚机构所造成的障碍。[②] Helmy 通过研究中东和北非地区的外国直接投资动力问题，支持了这一观点。[③] Russ 则认为，汇率变动可以减轻东道国在对外国直接投资持不确定性态度时所产生的消极影响，从一定程度上降低了企业投资风险。[④]

因此，现有研究成果也得出了一定的共通结论：首先，东道国的经济稳定要素是降低外资企业投资风险的决定性因素，也是外资选择对外投资的基础。其次，影响投资风险的社会安全要素需要综合各个方面的视角，而政治安全要素是外资企业能否在东道国进行长久经营的关键。然而在当前的已有研究中，对"社会安全"这一命题的衡量指标尚未拥有共识，对

[①] Darryl S. L. Jarvis and Martin Griffiths, "Learning to fly: the evolution of political risk analysis", *Global Society*, Vol. 21, No. 1, 2007, pp. 5–21.

[②] D. Houston, "Can corruption ever improve economy?" *Cato Journal*, Vol. 27, No. 3, 2007, pp. 325–342.

[③] H. E. Helmy, "The impact of corruption on FDI: Is MENA an exception?" *International Review of Applied Economics*, Vol. 27, No. 4, 2013, pp. 491–514.

[④] K. N. Russ, "The endogeneity of the exchange rate as a determinant of FDI: A model of entry and multinational firms", *Journal of International Economics*, Vol. 71, No. 2, 2007, pp. 344–372.

诸如环境保护和人力资本等因素的考量相对较少,且大多数讨论所针对的对象是发达国家,对发展中国家的投资引资行为尚缺乏相关讨论,对中国"一带一路"建设背景下的对外直接投资安全问题,欠缺解释力。

(二) 影响国际投资的社会安全因素

投资安全往往直接以投资风险形式体现,在已有的大多数风险模型及理论分析中,国际投资风险通常被分类为政治风险和经济风险,[①] 并且大多数以国家为分析视角。然而随着国际投资规模的扩大和发展中国家重要性的提升,仅从国家层面分析外资企业在项目投资中所面临的风险缺乏一定解释力。例如,现有分析框架难以完全解释在获得了政府支持及带来可观经济效益的情况下,中国部分对外投资项目仍在当地难以顺利推行的原因。通过梳理已有文献成果和进一步研究,笔者认为,政治稳定、经济发展、法律法规、社会文化和生态与卫生这五个要素,是衡量社会安全

---

① Magdalena Kozłowska, "Problems connected with measuring risks of foreign direct investments", *Journal of Economics and Management*, Vol. 20, No. 2, 2015, pp. 93–105.

对投资项目影响的基本要素。

1. 政治环境稳定性

大多数学者都强调了在外国直接投资中政治风险的决定性作用。[①] 通常,政治风险被等同于由政府更迭带来的不稳定性。但这一定义并不充分,不论是国际范围内的引资还是投资,其所面临的政治环境都应该在东道国、母国和国际舞台的范围内加以考虑。同时,宏观层面与微观层面的政治风险也有所不同。宏观层面的政治风险一般会影响所有对东道国投资的外资企业,而微观层面的政治风险则会有选择地影响特定的商业活动和外国投资者群体。[②] 从目前的分析来看,大多数关于"政治风险"的研究谈论的都是宏观政治风险,而对企业相关投资项目进行的政治风险研究,则是对微观政治风险的研究,对中国在斯里兰卡项目投资的政治安全研究需要将宏观与微观研究相结合。

(1) 东道国政治环境

东道国政府更迭、政治不稳、治理失效等因素都会为外资企业带来政治风险。通常情况下政治风险主

[①] Alfaro Laura, Sebnem Kalemli-Ozcan and Vadym Volosovych, "Why doesn't capital flow from rich to poor countries? An empirical investigation", *The Review of Economics and Statistics*, Vol. 90, No. 2, 2008, pp. 347–368.

[②] Jeffrey. D. Simon, "Political risk assessment: past trends and future prospects", *Columbia Journal of World Business*, No. 17, 1982, pp. 62–70.

要表现为因政治环境的变化所导致企业征收、增加税收、减少外国直接投资激励或限制货币自由兑换等多种形式,直接造成净资产损失。[1] 随着国际投资环境建设的健全,直接征用的可能性逐渐减小,代之以"间接征收"的方式。[2] 也有研究认为,政治两极化会导致公共债务的过度累积和私人资本外逃,左翼政府拒绝偿债的代价相对更低,更有可能发生债务违约情况。[3] 因此,东道国政治环境的稳定及政策的一致性,对外资企业投资利润的实现具有关键作用。

政治风险的另一表现形式为治理失效,主要体现在腐败。有观点认为,腐败对于外国直接投资的影响可能远远大于税收,因为腐败的不确定性,使得企业付出的代价比税收要更多。[4] 腐败是一种寻租活动,会增加经济中的交易成本。同时,腐败官员为获取回报,采取的低效率、推迟生产、向低质量货物发放许可证等行为,对正常经营活动造成负面影响。利用腐败获

---

[1] Bharat Bhalla, "How corporations should weigh up country risk", *Euromoney*, No. 6, 1983, pp. 66–72.

[2] Krishna C. Vadlamannati, "Impact of political risk on FDI revisited—An aggregate firm-level analysis", *International Interactions*, No. 38, 2012, pp. 111–139.

[3] Alberta Alesina and Guido Tabellini, "External debt, capital flight and political risk", *NBER Working Paper*, No. 2610, 1988.

[4] Shangjin Wei, "Why is corruption so much more taxing than tax? Arbitrariness kills", *NBER Working Paper*, No. 6255, 1997.

得的非法利润，以合同价格膨胀的形式将大部分财富分配给腐败官员，而升高的成本最终也将通过增税和削减开支来筹集。① 另外，"城镇化"程度也会对FDI产生一定影响。② 在城镇化进程较快的国家，跨国公司拥有更好的生产环境。然而，城镇化也造成过度拥挤、犯罪和现有设施的负担，对外资企业造成间接的负面影响。

（2）国际政治环境

外国投资的国际政治环境主要受到两方面的影响：母国与东道国的双边关系和东道国所面临的国际政治环境。外国投资者尤其是大型国有企业常常被视为母国的代表，一旦两国之间产生外交纠纷，在东道国引发的民族情绪，会波及在当地经营的企业。或是会抵制有关联的企业所销售的商品，影响其利润收入；或是直接对相关企业及项目进行抗议和破坏，直接造成财产损失。③ 同时，相关抵制行为也会造成企业商业环境的恶化。

---

① World Bank Document, *The Political Economy of Corruption-causes and Consequences*, 1996.

② Franklin Root and Ahmed A. Ahmed, "Empirical determinants of manufacturing direct foreign investment in developing countries", *Economic Development and Cultural Change*, No. 27, 1979, pp. 751 – 767.

③ Qinhua Xu and William Chung, "Risk asessment of China's Belt and Road Initiative's sustainable investing: A data envelopment analysis approach", *Economic and Political Studies*, No. 3, 2018, pp. 319 – 337.

东道国所面临的国际政治环境，也会对外资企业在该国的投资产生最为直接的影响。特别是在东道国拥有特殊地缘政治地位的情况下，大国力量的博弈，对该国外交政策及投资伙伴的选择起到关键甚至是决定性作用。① 在部分发展中国家，其内部政治力量的角逐也会受到国外势力的影响，一方政治力量的胜利，会导致对之前政治路线和方向的根本性推翻，而有外国投资参与的大型基础设施项目，往往拥有较长的建设周期，需要在一段时间内的稳定政策环境。因此，在大国力量关注的重点地区，会直接造成投资项目政治风险的提高。

由此可见，不论是由东道国还是由国际政治环境所造成的政治环境不稳，都将导致外国投资所面临的政治风险的提高。而对于宏观政治风险与微观政治风险的研究，将在后文结合典型案例，进行进一步探讨。

2. 经济发展稳定性

影响跨国直接投资的经济风险因素有两种：宏观经济风险和微观经济风险。宏观经济风险包括一国国内经济运行风险、外债负担能力、国际收支能力等的波动，微观经济风险包括对企业产品的需求、当地劳动力的可利用率、营商环境等。

---

① 许勤华、蔡林、刘旭：《"一带一路"能源投资政治风险评估》，《国际石油经济》2017年第4期。

从宏观经济角度，东道国的经济发展规模及速度、未来潜力、货币稳定性和财政平衡收支等，都是评价其经济发展状况的重要方面。东道国的 GDP 增长水平、储蓄率、通货膨胀率、利率等指标都是衡量其国内经济运行速度及未来发展潜力的重要指标。宏观经济趋弱和衰退对东道国的对外偿付能力、主权担保能力、货币稳定性及经济政策都会带来消极影响，投资者也会面临贸易保护主义及社会总需求下降的情况，投资风险水平明显上升。

东道国外债负担能力对外资企业存在直接影响。如果东道国严重依赖大量短期外债，其风险应对能力就会受到极大影响。一旦面临市场预期变化和短期债务到期的叠加因素影响，就会形成资本外逃，造成因国际储备水平下降而导致的货币贬值，最终导致货币危机，冲击外资企业的正常经营和利益。另外，随着主权债务风险的提高，为了清偿债务，东道国也更加倾向于采取削减支出、提高税率等紧缩政策，恶化投资环境。

国家的偿债能力与其国际贸易收汇能力直接相关，国际收支平衡为其中的基本原则。国际收支和外汇稳定性都是其中的重要考量因素。贸易顺差或贸易逆差也会导致可以用于偿付外债能力的变化。同时，跨国企业还面临着外汇风险。汇率波动风险和外汇管制风险是外汇风险的主要表现形式。汇率波动风险的大小与汇率波动幅度的大小及收付日期与清算日期的跨度有关，波动幅度越大，所造成的外汇风险越大。而由于一国政府对于经常项目下外汇买卖和国际结算进行限制所产生的外汇管制风险，则会直接影响外资企业投资成本、利润以及其他合法收入从东道国的转移。

相较于宏观经济风险，微观经济风险更加具有特殊性，即根据投资行业及规模的不同会产生不同影响。也有学者对营商环境与 FDI 的关系进行了研究，发现只有可持续性的基础设施建设改善，才能有效降低投资者的风险预期。[1] 同时，由于投资目的不同，在对发达国家进行投资时，营商环境是其中的重要考量因素，但对发展中国家的投资则考量较少。[2] 微观经济风险在通常情况下也需要与宏观经济及政治环境相配合发挥作用。

3. 法律法规环境

有效的法律和秩序体系在决定外国直接投资方面具有重要意义，[3] 不仅对外来投资实际执行的各个环节

---

[1] Popovici Oana Cristina, "Is taxation affecting the attractiveness of Central and Eastern Europe countries for FDI", Annals of "Constantin Brancusi" University of Targu Jiu, *Economic Series*, No. 1, 2012.

[2] Dinuk Jayasuryia, "Improvements in the World Bank's ease of doing business rankings. Do they translate into greater foreign direct investment inflows?" *Policy Research Working Paper*, No. 5787, World Bank, 2011.

[3] Matthias Busse and Carsten Hefeker, "Political risk, institutions and foreign direct investment", *HWWA Discussion Paper*, No. 315, 2005.

起到了直接管理作用,也塑造了东道国的投资环境。企业经营、腐败治理、劳动市场等各个方面,决定了企业经营的长期性和盈利效果。

首先,法律法规是东道国实现"间接征收"的直接工具。[1] 东道国当地企业为了寻求相对于外国公司的优惠待遇,会通过游说等方式对东道国政府施加影响。东道国可以通过修改法律法规、修改现有外国直接投资法律、限制利润和股息汇回母国、取消政府在投资合同里承诺的税收优惠和免税期、增加关税等方式取消对外国投资者的平等对待和保护。同时,也可以通过拒绝发放经营许可、收回基础设施及财政方面的承诺,以实现限制外资发展的目的,使得外国投资者在东道国的业务安全受到威胁。

其次,法律法规是进行腐败治理的基础。在包括中东和北非等制度失灵的地区,腐败则可以从一定程度上克服不良和限制性的法律或行为,使得经济扩张的价值超过腐败的额外成本,对投资行为和经济增长起到积极作用。[2] 在此情况下,这些地区对腐败的治理则会直接影响到外国投资的选择和安全。健全的法律

---

[1] Krishna C. Vadlamannati, "Impact of political risk on FDI revisited—An aggregate firm-level analysis", *International Interactions*, No. 38, 2012, pp. 111–139.

[2] Colin Leys, "What is the problem about corruption?" *Journal of Modern African Studies*, Vol. 3, No. 2, 1965, pp. 215–230.

程序成为处理腐败问题的基础,通过法律制度对腐败行为进行限制的同时,对外资经营进行明确的保护,而不对经济的开放和自由程度造成损害。①

最后,法律法规执行的有效性是良性劳动力市场形成的保证。劳动力市场由两套制度构成和塑造:一套行政规则和其他非正式规范和公约。② 劳动法对工人提供就业保障、社会保障及公共福利进行明确规定,构成了外资企业的用人成本,而劳动法规的不健全和执行不力则会影响到企业的项目投资安全。在许多国家,非正式劳工机构往往扮演重要角色。但由于制度建设的不健全,缺乏相应的常规机制,一些发展中国家的非正式劳工机构往往具有较大可变性和不稳定性,在一定程度上造成劳动力市场僵化,③ 竞争环境因此出现限制,使得一些外国投资者从战略上考虑如何避免法律的限制,规避劳动法律的限制以获得利益,造成恶性循环,提升企业投资项目的用人风险。

4. 社会文化环境

社会文化环境由多种因素组成,从投资安全的角

---

① H. E. Helmy, "The impact of corruption on FDI: Is MENA an exception?" *International Review of Applied Economics*, Vol. 27, No. 4, 2013, pp. 491–514.

② OECD: "The influence of policies on trade and foreign direct investment", *OECD Economic Studies*, No. 36, 2003, pp. 8–87.

③ Ibid..

度来看，人口环境和文化因素对投资安全产生了最直接的影响。人口环境因素由人口年龄结构、劳动力成本和人力资本环境等因素构成，不仅对社会安定程度起到重要作用，也直接决定了企业的人力成本和收益情况。而文化环境所决定的"文化距离"，则影响了企业长期经营的成败。

（1）社会与人口环境

人口年龄结构是指一定时间、一定地区各年龄组人口在总人口中所占比重。[①] 一国的年龄结构是在较长周期中，因自然增长和人口迁移变动综合形成的，具有稳定性。人口年龄结构对一国经济发展水平、劳动力生产水平、失业率、福利保障制度安排都会产生直接或间接的影响，也会影响到社会安定和政治制度稳定性。有大量研究表明，人口的年龄结构分布都与犯罪率具有较强的相关性，年龄分布与犯罪率呈现出稳定的关系，这一关系不受时期、国家地区及族裔的影响。[②] 年轻人口的犯罪风险总是高于其他年龄组人群。[③]

[①] 吴白乙、史沛然：《社会安全与贸易投资环境：现有研究与新可能性》，《国际经济评论》2015年第3期。

[②] Travis Hirschi and Michael Gottfreddson, "Age and the Explanation of Crime", *The American Journal of Sociology*, Vol. 89, No. 3, 1998, pp. 552–584.

[③] Glenn D. Deane, "Cross-national comparison of homicide: Age/sex-adjusted rates using the 1980 US homicide experience as a standard", *Journal of Quantitative Criminology*, Vol. 3, No. 3, 1987, pp. 215–227.

因此，在年轻人口比例较大的东道国，其社会安定程度和犯罪比例直接影响了其社会安全环境。另外，由老龄化带来的社会福利压力的增加，也会使得一些国家由于无法提供足够资源而提高对外资企业的税收，从而造成税收风险的提高。①

劳动力成本是外资企业选择在发展中国家进行投资的关键因素。劳动力成本不仅包括工资，还包括监管或劳资关系规定的成本和补偿，产业关系因素对外商直接投资有着直接的影响。② 尽管一些东道国劳动力成本较低，但由于劳动力市场的扭曲，企业所面临的劳动力成本和用人风险会显著提高。③ 传统观点认为，发展中国家对外资的吸引力主要来自其低廉的劳动力价格，而较低的技能意味着较少的公共教育支出和较低的税收，因此投资者更愿意寻找拥有低技能劳动力

---

① Nita Rudra, *Globalization and the Race to the Bottom in Developing Countries: Who Really Gets Hurt?* Cambridge: Cambridge University Press, 2008.

② William N. Cooke, "The influence of industrial relations factors on US foreign direct investment abroad", *Industrial and Labor Relations Review*, Vol. 51, No. 1, 1997, pp. 3 – 17. William N. Cooke, "The effects of labour costs and workplace constraints on foreign direct investment among highly industrialized countries", *International Journal of Human Resource Management*, Vol. 12, No. 5, 2001, pp. 697 – 716.

③ Debora L. Spar, "National Political and Domestic Politics", in T. brewer and A. Rugman, eds. *Oxford Handbook of International Business*, Oxford: Oxford University Press, 2001, pp. 206 – 231.

供应的地区进行投资。① 然而，随着生产设备变得越来越复杂，更多的外资企业在投资过程中会衡量东道国的人力资本环境。而良好的资本环境也会与外资企业投资形成互补效应。不仅为外商投资提供稳定及高质量的劳动力，也可以通过参与外资企业提供的培训和教育，将新技术和信息引入东道国，对东道国社会发展水平的提高起到积极作用。外资企业的社会责任承担已经成为其在投资过程中的重要组成部分。特别是对工人技能培训支出和相关卫生支出的提高，可以有效提高工人的学习技能和劳动效率，对改善企业在东道国的投资环境，有着重要作用。② 因此，人力资本环境的逐渐改善，会在一定程度上降低外资企业的投资风险，提高其预期收益。

（2）文化环境

外国直接投资在东道国的发展需要满足其规范性、合法性要求。这不仅需要跨国公司满足东道国硬性的制度要求，也需要弥合与其社会内部出现的"文化距离"。③

---

① John P. Tuman and Craig F. Emmert, "The political economy of U. S. foreign direct investment in Latin America: A reappraisal", *Latin American Research Review*, Vol. 39, No. 3, 2004, pp. 9 – 28.

② Muhammad Tariq Majeed and Eatzaz Ahmad, "Human capital development and FDI in developing countries", Quaid-i-Azam University, *MPRA Paper*, No. 57514, posted July 24, 2014.

③ Mike W. Peng, Denis Y. L. Wang and Yi Jiang, "An institution-based view of international business strategy: A focus on emerging economies", *Journal of International Business Studies*, Vol. 39, No. 5, 2008, pp. 920 – 936.

当跨国公司进入一个有着一套不同规则的制度环境时,它们必须满足当地的社会期望并在东道国建立社会合法性,这与母国和东道国之间的文化距离有关。[1]"文化距离"是指来自不同国家的个体对某些行为的观察可能存在的差异,这种差异会影响工作实践和方法从一个国家转移到另一个国家的程度。[2] 在企业经营过程中,文化距离会影响到与当地市场和企业在信息获取方面的沟通和交易成本。在实际投资中,跨国公司更倾向于投资与母国文化接近的国家,而东道国也往往更偏向于与文化接近的企业进行合作。[3]

同时,文化距离对于外资企业的投资模式也有着重要影响。对于文化距离较远的东道国进行投资,跨国公司更多选择通过与当地企业创办合资公司进行投资,以降低外部不确定性,[4] 当地的合资伙伴通常对东

---

[1] Lin Cui and Fuming Jiang, "Ownership decisions in Chinese outward FDI: An integrated research framework and research agenda", *Asian Business & Management*, Vol. 8, No. 3, 2009, pp. 301 – 324.

[2] Geert Hofstede, Gert Jan Hofstede and Michael Minkov, *Cultures and Organizations: Software of the Mind*, New York: Mcgraw-hill, 2005.

[3] Yuanfei Kang and Fuming Jiang, "FDI location choice of Chinese multinationals in East and Southeast Asia: Traditional economic factors and institutional perspective", *Journal of world business*, Vol. 47, No. 1, 2012, pp. 45 – 53.

[4] Dean Xu and Oded Shenkar, "Institutional distance and the multinational enterprise", *Academy of Management Review*, Vol. 27, No. 4, 2002, pp. 608 – 618.

道国的规范和价值观,以及当地利益相关者的做法和偏好有着密切的了解。但在企业经营过程中,跨国公司解雇当地员工通常更为困难,因为当地合作伙伴可能会利用其决策权来防止本地员工被解雇。[①] 而在外资全资子公司的经营中,母公司管理者与当地员工之间的内部误解和冲突比合资企业更容易解决。

由"文化距离"带来的投资风险更加具有特殊性,部分国家受到其历史、制度、文化、宗教等因素的影响,所面临的制度障碍要远大于其他公司。同时,"文化距离"也决定了信任感的不同。例如,部分中国企业在国际投资中遭受不信任和谨慎对待,是因为部分东道国不承认中国的市场经济地位,担心其受到中国政府政治议程的影响,因此,不仅使得相关项目在审核过程中的成本被极大提高,也使得其投资环境被恶化,未来投资风险水平提高。同时,由文化、宗教因素带来的一国内部的矛盾与冲突,也直接决定了企业投资所面临的社会稳定性。

5. 生态环境保护

随着气候变化与环境污染的加剧,在国际直接投

---

① Ingmar Björkman and Yuan Lu, "Institutionalization and bargaining power explanations of HRM practices in international joint ventures—The case of Chinese-Western joint ventures", *Organization Studies*, Vol. 22, No. 3, 2001, pp. 491–512.

资中，环境因素发挥着越来越重要的作用。根据"污染天堂假说"，[1] 由于发达国家的环境管制比发展中国家更为严格，为了逃避本国监管并降低生产成本，发达国家的跨国企业更加倾向于将污染密集型行业转移到发展中国家。[2] 在外资进入发展中东道国之初，由于发展中国家工业化水平较低，发展压力较大，环境自然吸收能力强，公众和政府对环境污染有较大的容忍意愿。但当外商投资超过了某一临界值后，人们收入水平的提高使得环境污染的边际损害迅速上升，东道国开始采取针对外商投资中的环境污染和促进其技术溢出所指定的相关政策，以纠正经济活动中对生态环境产生的负外部性。这一系列相关政策被称为"环境规制"，包括行政处罚、排污收费、征收环境税、交易许可证等手段。通过在生产、使用或消费过程中征收的额外费用，提高环境负外部性产品的生产成本，削弱其在国际市场上的整体竞争力，以达到规制目的，投资的环境风险随之提高。

也有研究指出，从长期来看，环境规制政策可以迫使企业采取更有效率的生产技术和设备，倒逼企业

---

[1] Brian R. Copeland and Scott M. Taylor, "North-South trade and the environment", *The Quarterly Journal of Economics*, Vol. 109, No. 3, 1994, pp. 755–787.

[2] 包群、陈媛媛：《外商投资、污染产业转移与东道国环境质量》，《产业经济研究》2012年第6期。

的技术创新改革和产业结构调整。[①] 一方面，跨国公司为适应东道国的市场和要求，会对其内部进行重新的资源配置，提高企业生产率以达到东道国的环境规制要求。另一方面，随着外资企业技术创新的进行，其在东道国的市场竞争力会增强，有利于在国际扩张中快速抢占市场。同时，东道国的环境规制通常也会包括技术溢出规制，因此，外资企业的绿色技术创新也会带动东道国本地企业的绿色发展与变革，从而对东道国的绿色发展与环境保护起到促进作用。随着环境保护议题逐渐成为全人类所共同面临的难题，在发展中国家投资的环境成本也在逐渐增加，对环境问题的忽视和单纯追求规模效益的企业其投资风险将会显著提高。

[①] Michael E. Porter and Claas Van der Linde, "Toward a new conception of the environment-competitiveness relationship", *The Journal of Economic Perspectives*, No. 9, 1995, pp. 97–118.

二　斯里兰卡的社会安全状况

斯里兰卡在政治、经济、法律、社会文化和生态卫生五个方面拥有其具体情况，构成了影响投资风险的社会安全要素。对其具体情况的了解是分析外资项目在斯里兰卡投资安全的基础。

（一）政治环境陷入动荡

政治环境的不稳定是斯里兰卡政局的主要特征，动荡的政治社会环境会直接导致投资活动的减少。同时，在政治不稳定的环境下，政府治理效率及监管均会受到影响，出现官僚腐败及行政低效情况，对已有项目的投资与运行均存在风险。

1. 国内政治环境动荡

独立后的斯里兰卡经历了长达26年的动荡和内

战，于 2009 年逐步恢复社会平稳。经历了十余年的发展与建设，当前斯里兰卡的国内政治环境体现出以下三个特征：其一，传统两党力量平衡解体，自由党党内的分裂和左翼政党的力量的壮大，使得没有一方力量拥有鲜明优势；其二，政治改革成为热点议题，"行政总统制"改革和泰米尔人问题处理是获得民众支持的关键；其三，恐怖袭击助推了斯里兰卡国内民族主义情绪的高涨，潜在局部冲突和恐怖袭击隐患增加。

（1）**政党政治环境复杂**

斯里兰卡是多党制国家，统一国民党（UNP）属右翼政党，自由党（SLFP）属中间偏左政党，人民阵线党（SLPP）由前总统马欣达·拉贾帕克萨领导，吸收了部分自由党力量。同时，还存在相当数量的左翼政党通过联合有左翼倾向的自由党来实现政权主张。[1] 在 2015 年总统大选中，同为自由党人的西里塞纳成功当选总统，并成为自由党领导。在 2015 年 8 月的议会大选中，维克勒马辛哈率领"善政统一民主阵线"获得了议会 225 个席位中的 106 个席位并出任总理，两党形成了合作民族统一政府。然而两党联合统治基础薄弱、党派内部及党派之间矛盾重重，拉开了斯里兰卡政治动荡的序幕。

---

[1] 杜敏、李泉：《斯里兰卡西里塞纳政府的政治形势与前景探析》，《学术探索》2016 年 12 月。

首先，自由党内部分化，党派力量式微。由于西里塞纳的临阵"倒戈"，自由党党内出现分歧，有相当数量的议员认同马欣达·拉贾帕克萨的领导地位。[1] 2016年2月，拉贾帕克萨组建了由52名议员组成的"联合反对派"，其谋求在议会中以"独立团体"获得合法地位被驳回后，[2] 走向街头政治。2018年2月的斯里兰卡地方选举中，由拉贾帕克萨率领的斯里兰卡人民阵线党在全国340个地方议会中赢得239个议会席位，[3] 取得压倒性胜利，获得40.47%的选票，[4] 而当时的执政党联盟取得胜利的行政区仅为整体的15%左右。随着西里塞纳总统任期的结束，自由党内部的分歧虽然会有所缓解，但"斯里兰卡人民阵线"的崛起已经大幅度削弱了其影响力和政治力量。

其次，统一国民党与自由党矛盾公开化，政治势力仍不可小觑。在西里塞纳任期内，由于在经济政策

---

[1] 杜敏、李泉：《斯里兰卡西里塞纳政府的政治形势与前景探析》，《学术探索》2016年12月。

[2] "Sri Lanka joint opposition protests in parliament", *Colombo Page*, February 9, 2016, http://www.colombopage.com/archive_16A/Feb09_1455033958CH.php.

[3] 朱瑞卿、唐璐：《斯里兰卡反对党在全国地方选举中获胜》，新华网，2018年2月12日，http://www.xinhuanet.com/world/2018-02/12/c_1122410314.htm。

[4] 根据数据统计而得，资料来源："Results of Local Authorities Elections-2018", Election Commission of Sri Lanka, https://election.news.lk/2018-la。

和政府管理方面都存在不同观点,统一国民党与自由党分歧与日俱增。2018年10月,总统新闻办公室突然宣布解除维克勒马辛哈总理职务,由前总统拉贾帕克萨出任新一任总理。随着最高法院对解散议会公报的否决和议会两次通过对新总理任命的不信任动议投票,"政变"最终以失败告终,维克勒马辛哈再次就任政府总理,① 自由党与统一国民党的分歧也趋于不可调和。虽然统一国民党候选人在2019年总统大选中落败,但其仍然获得41.99%的选票,② 同时在议会中掌握着大量席位,因此,其政治力量和影响力不可小觑。

再次,斯里兰卡人民阵线崛起,拉贾帕克萨家族强势回归。2018年的地方选举中,人民阵线取得的压倒性胜利宣告了政坛力量对比的改变。复活节爆炸案后,"国家安全"成为斯里兰卡国内关注焦点,大多数佛教领袖和一些受害者公开表示希望拉贾帕克萨家族重新掌权,为人民阵线党提供机遇。2019年总统大选中,戈塔巴雅·拉贾帕克萨的胜利不仅宣示了拉贾

---

① 朱瑞卿、唐璐:《维克勒马辛哈宣誓就任斯里兰卡总理》,新华网,2018年12月16日,http://www.xinhuanet.com/world/2018-12/16/c_1123860818.htm。

② 唐璐:《斯里兰卡反对党候选人赢得总统选举》,新华网,2019年11月17日,http://www.xinhuanet.com/world/2019-11/17/c_1125242450.htm。

帕克萨家族的回归，也宣告了人民阵线作为第三股主要政治力量的正式崛起，一直以来统一国民党与自由党的"两党博弈"态势解体。

最后，议会中左翼政党的势力也在逐渐加大。由于偏左翼的自由党与作为右翼的统一国民党组成的联合政府未能满足左翼政党要求的政治改革要求，其任期内施行的"新自由主义"经济政策和"亲西方"的外交政策也引发其不满。在此背景下，左翼力量逐渐寻求联合，并逐渐壮大，成为议会中不可忽视的一股力量。

（2）政治改革进程停滞

政治改革议题是斯里兰卡国内密切关注的热点议题，西里塞纳及其联合政府进行了积极的改革尝试，首先是"去行政总统制"。斯里兰卡于1978年实行"行政总统制"，在马欣达·拉贾帕克萨担任总统期间，这一权力进一步提升，虽然满足了内战期间对于国家力量的掌握与调配要求，但也因其集权和独裁属性遭受了不满和批评。2015年4月，宪法第19修正案获得议会通过，这一修正案将总统的一些权力转移给总理并使主要机构非政治化，[①] 但总统仍可以利用其权力来"操纵"部长职责及其任务。2018年5月，部分左翼政党向议会提交宪法第20修正案，要求彻底废除

---

① 杜敏、李泉：《斯里兰卡西里塞纳政府的政治形势与前景探析》，《学术探索》2016年12月。

行政总统制，修正案并未获得通过。①

其次，与泰米尔地区寻求和解。西里塞纳因做出的和解、正义承诺，获得了泰米尔选民的支持。其任期内也曾尝试积极推进了促进民族和解的举措，包括建立战后和解司法机制、承诺释放犯人、归还军事占用地、废除"防止恐怖主义法"等。② 但要使此类改革拥有可持续性，政府须制定可行的安全部门改革计划，加大对公共权力下放的力度。而实际上，政府仅归还了一小部分的军占土地并释放了几名囚犯，西里塞纳承诺的废除"防止恐怖主义法"，也并没有实现。

最后，反腐败改革。西里塞纳在其任期内推出了一系列措施，在国内积极反腐，斯里兰卡警察部门还设立了财务犯罪调查局，主要负责针对严重财务诈骗、国家资产或资金的错误使用及其他财务犯罪的调查，③但收效甚微。究其深层原因，主要是由于掌握国家大量财富和生产力的新兴资产阶级的原始资本积累及政

---

① "20th Amendment, reality or fantasy?" *Daily News*, May 31, 2018, http://www.dailynews.lk/2018/05/31/features/152516/20th-amendment-reality-or-fantasy.

② Asia Report, *Sri Lanka: Jumpstarting the Reform Process*, International Crisis Group, May 18, 2016.

③ 商务部国际贸易经济合作研究院、中国驻斯里兰卡大使馆经济商务参赞处、商务部对外投资和经济合作司：《对外投资合作国别（地区）指南——斯里兰卡（2018 年版）》。

府管理人员大多存在腐败问题,① 进行彻底的反腐败措施会直接动摇这部分群体的特权和利益。

因此,"国民团结"政策虽然帮助西里塞纳赢得大选,但其并未把握住改革窗口,巩固统治基础。党内派系斗争激烈,政府官僚系统效率低下,执政联盟变得越来越功能失调。2019年6月,西里塞纳在科伦坡公开表示,宪法第19修正案关于将总统权力转移的内容应该被废除,这也宣告了其任期内斯里兰卡在政治改革上的失败。

(3) 恐怖袭击为安全局势增添新变数

发生在2019年复活节期间的恐怖袭击引发了世界范围内的震惊,国际恐怖组织的参与成为爆炸案能够成功的关键因素。斯里兰卡的反恐形势开始具有与以往明显不同的特点,国内政治安全局势出现新的影响因素。

从内部因素上看,领导层内部的分歧和矛盾、反恐精神松懈和穆斯林群体的不满是造成恐怖袭击破坏的重要原因。爆炸发生前,斯里兰卡情报机构已通知警方可能发生袭击事件,但部门间的相互掣肘阻碍了有效措施的采取。② 同时,猛虎组织头目被击毙后,斯

---

① Jayadeva Uyangoda, "Reform resistance in Sri Lankan politics", *Groundviews*, March 27, 2018.

② "Sri Lanka authorities were warned of attacks two weeks ago, says minister", The Guardian, April 22, 2019, https://www.theguardian.com/world/2019/apr/22/sri-lanka-attacks-death-toll-from-bombings-rises-sharply-to-290.

里兰卡社会内部的最大安全隐患被清除，加之穆斯林总体较为温和，本地极端组织力量较弱，使得恐怖袭击成为斯里兰卡的安保"盲点"。而实际上，穆斯林群体的不满由来已久，其提出的"领土自治、宗教自决、承认实体地位"等要求，并未得到满足，[1] 始终处于边缘地位的不安全感问题也并未得到解决。

从外部影响因素上看，此次恐怖袭击具有较为明显的跨国特点。一方面，不论从组织安排及武器配备上，都有明显的境外支持。斯里兰卡国内穆斯林对其生活状况的不满，以及政局的动荡也为恐怖主义的滋生提供了空间。另一方面，恐怖袭击的形式已经趋于多元化，斯里兰卡作为"非热点国家"，警惕性不高。打着不同旗号的恐怖组织、极端个人形形色色，使得对恐怖袭击的预防与排查变得更加困难。

2. 国际政治环境复杂

斯里兰卡国际政治环境和其外交关系的处理受到其特殊地缘政治因素的制约，内战结束后，由于与西方在人权问题上的严重分歧，中斯关系逐渐接近。西里塞纳在其任期内强调"平衡外交"政策，更加偏重于与印度和美国的合作。但由于自身实力和投资规模

---

[1] S. M. Aliff, "Provincial council and eastern province muslims of Sri Lanka", *South Asian Studies*, Vol. 25, No. 2, 2010, p. 199.

的限制，短期内，其他国家无法成为中国在斯里兰卡投资的有效替代。因此，在政治和军事上靠拢印度和美国，在投资上依靠中国，同时有效扩大与日本和欧盟在经济和发展援助上的合作，是斯里兰卡的战略逻辑。

(1) 印度：将斯里兰卡视为"势力范围"

不论是地缘上、历史上还是文化上，斯里兰卡对印度都有着特殊且重要的意义。印度前海军司令曾表示，斯里兰卡之于印度，就像爱尔兰之于英国。[①]"印度中心"的南亚政策使得印度自独立后就逐渐强化其在南亚地区的霸权国地位。[②] 1987 年印斯两国签订《印斯和平协议》，包含了斯里兰卡对印度地区霸权和不可忽视的地区影响力的承认。[③] 2007 年，在印度的《海洋军事战略》中，斯里兰卡被划定在首要利益区中。"周边外交"是莫迪外交政策的重点，2015 年 3 月，西里塞纳成功当选总统后，印度总理时隔 28 年多次访问斯里兰卡，释放出对斯里兰卡重视程度提高的信号。

印度在其地区战略中将斯里兰卡作为一个稳定的

[①] Ravi Kaul, "The Indian Ocean: A strategic posture for India", in T. T. Pculose ed., *India Ocean Power Rivalry*, New Delhi: Young Asia Publications, 1974, p. 66.

[②] 马孆：《冷战后印度南亚政策的变化》，《当代亚太》2004 年第 5 期。

[③] 李捷、王露：《联盟或平衡：斯里兰卡对大国外交政策评析》，《南亚研究》2016 年第 3 期。

合作伙伴。① 内战结束后，对斯里兰卡给予了积极援助承诺，然而，具体援建项目进展缓慢。斯里兰卡与中国合作关系逐渐提升。2014年，印度推出了与"一带一路"针锋相对的"季风计划"。2015年西里塞纳上台后，叫停中国项目，迅速访问印度，都在很大程度上符合了印度的期望。需要看到的是，受限于自身实力，虽然印斯双边政治关系有所提升，但在经贸问题上，双边关系提升程度有限。

（2）日本：扩大与斯里兰卡经济及军事合作

斯里兰卡与日本早在第二次世界大战前就建立了相对良好的关系，1952年斯里兰卡是第二次世界大战后首个与日本建交的国家，成为日本实施对外经济援助的对象国。斯里兰卡提出"平衡外交"政策后，日本进一步巩固了与斯方的合作。2018年3月西里塞纳访日，安倍承诺向斯里兰卡提供1亿美元低息贷款。2018年5月，日本政府决定投资建设包括亭可马里在内的新印度洋沿岸经济圈。② 此外，日本还承诺提供9950万美元的低息贷款，用于改善斯里兰卡的健康和医疗服务。③ 同时，

---

① 李捷、曹伟：《斯里兰卡内战结束以来印度对斯政策分析》，《南亚研究》2013年第4期。

② 《日媒：日本提供贷款助印度洋三国建港口 抗衡中国影响》，《参考消息》2018年5月26日，http://www.cankaoxiaoxi.com/world/20180526/2274357.shtml。

③ KYODO："Japan and Sri Lanka agree to promote maritime security cooperation", March 15, 2018.

斯里兰卡与印度、日本的三方合作也逐渐开展。2019年5月三方签署合作备忘录，开发科伦坡港东集装箱码头，项目将耗资5亿—7亿美元，由日本为项目提供低息软贷款。①

军事上的合作也是日斯双边关系的重要内容。日本援助斯里兰卡国防约从2012年海上自卫队与斯里兰卡海军在印度洋实施亲善训练开始。伴随安倍的印太战略设想的落实，2017年4月日斯达成日本海上保安厅与斯里兰卡沿岸警备队联合训练的基本协议。2018年8月，日本防卫大臣访问斯里兰卡，明确表示将推进自卫队舰艇定期在斯里兰卡的"战略性停泊"。②2018年9月30日，作为日本最大战舰的加贺号直升机航母驶入科伦坡港口。自2008年以来，日本军舰已经访问斯里兰卡70余次，③成为仅次于印度的第二大海军访问国。

(3) 美国：以务实姿态推行印太战略，增强军事存在

斯里兰卡内战结束后，中斯关系的接近引起了美

---

① "Sri Lanka, Japan, India sign deal to develop East Container Terminal at Colombo Port", the Hindu, May 29, 2019, https：//www.thehindu.com/news/international/sri-lanka-japan-india-sign-deal-to-develop-east-container-terminal-at-colombo-port/article27273794.ece.

② 孙秀萍、刘迪、陈欣：《日防卫大臣"高调"首访南亚两国 被指牵制中国》，《环球时报》2018年8月24日，http：//mil.huanqiu.com/world/2018-08/12814028.html？agt=15422。

③ 根据公开资料统计。

国的警惕。西里塞纳政府上台后，美国将其视为双边关系提升的重要窗口。2015年，斯里兰卡外长访美，并向美说明西里塞纳政府的百日施政计划。同年5月克里访斯，成为43年来首位访问斯里兰卡的美国国务卿。2018年，美国开始推行印太战略，与斯里兰卡的经济及军事合作是其中的重要一环。2018年8月，美国宣布向斯里兰卡提供3900万美元的军事援助，[①] 开始以务实姿态进入这一地区。10月，美参议院通过了全名为"2018年善用投资促进发展法"的法案。[②] 可以预见的是，美国将从经济角度进一步推进其在斯里兰卡的存在和影响力。

美国十分看重斯里兰卡的军事战略价值。2018年8月，美国主办"环太平洋军演"，斯里兰卡海军首次参加。12月，"斯坦尼斯"号航母访问亭可马里港并接受补给。[③] 2019年4月，美斯在汉班托塔港附近进行联合军演，意指向中国展示存在。"复活节"爆炸案期间，有当地媒体称美国与斯里兰卡正在就《部队地位协议》草案进行谈判，以设立永久性军事基地。

[①] "US announces ＄39 m in military aid to Sri Lanka", *Daily FT*, August 14, 2018, http://www.ft.lk/front-page/US-announces-39-m-in-military-aid-to-Sri-Lanka/44-660860.

[②] "Better utilization of investments leading to development act of 2018", US Congress, https://www.congress.gov/bill/115th-congress/senate-bill/2463.

[③] 根据美国太平洋司令部官网整理。

这一消息虽然被美驻斯里兰卡大使否认，但其也承认了两国关于访问部队协议的谈判，美国的军事存在在这一地区的加强成为必然趋势。

3. 政治互信水平影响投资选择

母国与东道国的双边关系直接受到政治互信水平的影响，而双边关系的好坏则直接决定了投资项目的推进和运营。总体来看，斯里兰卡与印度的政治互信水平较高，与日本的政治互信水平在提升，与中国的政治互信水平经历了一定波折，而与美国的双边关系则正在磨合之中。

不论是在地缘上还是文化上，印度和斯里兰卡都具有很深的渊源。两国有着共同的文化和安全空间，[1] 双边关系的特点是各级别的密切接触，政治互信体现在其广泛的防务与安全合作上。2015年，两国签署了民用核合作协议，[2] 两军关系稳步发展，举行了多次联合军事演习。印度还向斯里兰卡军队提供防务训练，并与斯里兰卡、马尔代夫签署了三方海上安全合作协议。

---

[1] Gautam Sen, "Problem of fishermen in India-Sri Lanka relations", *IDSA Comment*, May 20, 2016, https：//idsa. in/idsacomments/problem-of-fishermen-in-india-sri-lanka-relations_ gsen_ 200516.

[2] "Golden opportunity：Modi-Sirisena partnership must boost India-Sri Lanka ties to meet common challenges", *The Times of India*, February 17, 2015.

2009年之前，日本是斯里兰卡最大外援国。日本通过加强与斯里兰卡海上安全、强化两国军事合作的方式强化双边关系的紧密性和政治互信程度。2015年，两国举行海洋安全政策对话。2017年，日方决定拨给斯里兰卡东北部港口10亿日元无偿资金做整备建设用。2018年3月，西里塞纳访问日本，两国明确表示将推进双边防务交流。同年8月，日本防卫大臣访问斯里兰卡，以确保日方在印度洋的"自由航行"。[1]

中国与斯里兰卡之间有着历史悠久的友好往来，元首互访和大型项目的合作使得双方的政治互信水平保持在较高水平。2015年，西里塞纳上台后主张降低对中国的依赖，两国关系一度跌落至低点。但中国保持了积极的态度和作为，在各类援助项目上持续发力，2019年3月，中国同意向斯里兰卡提供9.89亿美元的贷款，以建设高速公路。[2] 复活节爆炸案后，斯方寻求向中国借贷以推动经济复苏进程。[3] 斯里兰卡对"一

---

[1] Rupakjyoti Borah, "Japan's Indo-Pacific Defense Outreach Continues in Sri Lanka and India", *the Diplomat*, August 27, 2018, https://thediplomat.com/2018/08/japans-indo-pacific-defense-outreach-continues-in-sri-lanka-and-india/.

[2] Bharatha Mallawarachi, "China to give $989 million to build new highway in Sri Lanka", *The Associated Press*, March 23, 2019.

[3] "Sri Lanka seeks US $1 billion loan from China as it struggles to recover from Easter Sunday attacks", *Agence France-Presse*, June 20, 2019. https://www.scmp.com/news/asia/south-asia/article/3015428/sri-lanka-seeks-us1-billion-loan-china-it-struggles-recover.

带一路"建设仍保持乐观态度。因此,虽然两国的政治互信水平有所下降,但是总体呈现积极态势。但"债务陷阱"言论的甚嚣尘上,为两国政治互信水平的提高产生了直接的消极影响。

美国与斯里兰卡的政治互信水平在斯内战结束后,因美国对其人权状况的指责而跌落至低点。而斯里兰卡"平衡外交"政策的提出和落实使得两国关系又发生了实质性变化。2015年,美国对斯里兰卡成立国内机构调查内战后期的战争罪行表示支持,[1] 显示了对新政府的信任。两国在经济和军事上的交往均有所增加,尤其是两国关于访问部队协议的谈判,在实质上提升美国在斯里兰卡军事存在。但需要看到的是,斯里兰卡外交政策有着很强的"个人色彩",两国政治互信水平能够在多大程度上得到提高,仍然掺杂不确定性。

(二)经济发展放缓

斯里兰卡在经历了内战后短暂的快速发展后,经济发展速度呈现放缓和停滞趋势,高利息成本掩盖了有限的财政改善,中央银行开始寻求实现汇率灵活性。

---

[1] Nisha Desai Biswal, "Remarks at the Sri Lanka Ministry of Foreign Affairs", US Department of State, August 25, 2015, https://2009-2017.state.gov/p/sca/rls/rmks/2015/246332.htm.

同时，公共债务处于高位，经济容易受到冲击，而有限的出口多元化和外国直接投资表明，斯里兰卡的增长潜力尚未通过结构性改革实现。从微观角度来看，随着外向型经济发展方式的确定，斯里兰卡的营商环境得到了一定程度的改善，并开始更加注重外资来源的多样化。

1. 宏观经济增长乏力，外债负担较重

（1）国内经济增长停滞

内战结束后，时任斯里兰卡总统拉贾帕克萨提出"马欣达愿景"，推动斯里兰卡经济进入恢复阶段。"愿景"提出，要在2020年使斯里兰卡成为中上等收入国家。[①] 然而在经历了几年的高速发展后，斯里兰卡的宏观经济陷入了增长乏力的状态。如表2-1所示，斯里兰卡的人均国民生产总值在2012年以前呈高速增长态势，而在此以后，增长率大幅度下降。2017年，斯里兰卡经济增长再创新低。2018年虽有所回升，但十分有限，农业增长率有所改善，但对GDP增长贡献率约26%的工业，2018年仅增长了0.9%，而创造了近60%贡献率的服务业，增长率也仅有4.7%。[②] 消费

---

① Mahinda Rajapaksa, *Mahinda Chinthana-Vision for the Future*, pp. 3–11.

② Annual Report 2018, Ministry of Finance, Sri Lanka, 2018, p. 16.

对 GDP 增长贡献率最大，比重达 70.7%。[1] 但政府消费的明显收缩，也限制了总消费对增长的贡献。

表 2-1   2010—2018 年斯里兰卡人均 GDP 增长率

年份	人均 GDP 增长率（%）
2010	7.3
2011	7.7
2012	8.5
2013	2.5
2014	4.0
2015	3.9
2016	3.2
2017	1.9
2018	2.1

资料来源：斯里兰卡中央银行。

2017 年 11 月，斯里兰卡政府公布了其经济发展政策框架"2025 愿景"。其具体目标是，到 2025 年实现年人均 GDP 收入 5000 美元，创造 100 万新就业岗位，年外国直接投资增加到 50 亿美元，年出口额翻番。[2] 为了促进愿景计划的落实，斯里兰卡政府公布了公共投资计划（PIP），根据计划，2018—2021 年政府计划总投资约为 26550 亿卢比，基础设施投资仍然是优先选项。[3]

---

[1] Annual Report 2017, Ministry of Finance, Sri Lanka, 2017, p. 42.
[2] Ibid., p. 136.
[3] Annual Report 2018, Ministry of Finance, Sri Lanka, 2018, p. 26.

此外，战后斯里兰卡的经济复苏在很大程度上由不断扩大的财政赤字支撑，这也造成了其脆弱的财政状况。2018年财政赤字为5.3%，略低于2017年GDP的5.4%。在财政支出方面，2018年财政总支出占GDP比重由2017年的18.6%减至18%，[①] 反映出公共投资的放缓，财政用于发展活动的空间所剩无几。而在财政收入方面，税收收入占GDP的比例过低且不断下降。2015年，斯里兰卡推行以财政收入为基础的财政整顿措施。2018年继续出台一系列增税措施，然而，预期效果尚未实现。同时，由于国企改革推行艰难，国有企业财务表现较差，非税收财政收入下降。[②] 经常开支的增加和政府收入的不足限制了公共投资的资源范围，斯里兰卡未来经济增长缺乏动力。

（2）债务成为经济发展负担

斯里兰卡面临着较大债务负担，债务年增长率保持在高位，且短期偿债压力巨大。在未来几年中，债务将成为斯里兰卡经济发展的负担。据斯里兰卡央行数据显示，其外债总额从2009年的209.13亿美元增长到了2018年的523.10亿美元，[③] 年增长率高达12%，远高于其GDP增长率。如图2-1所示，债务

[①] Annual Report 2018, Ministry of Finance, Sri Lanka, 2018, pp. 5–6.
[②] Ibid., p. 66.
[③] Ibid., p. 82.

与 GDP 比重一直保持在较高水平。2016 年,斯里兰卡政府将其增值税税率提高至 15%,在一定程度上缓解了其债务占比。但这是由于名义 GDP 增速快于债务存量的增速,卢比贬值和增加借债的双重作用,2017 年中央政府债务存量仍增加 9.9%。2018 年,斯里兰卡债务存量继续提高,外债占比达到最高点,其中 67% 的斯里兰卡外债由美元计价的债券构成。[①]

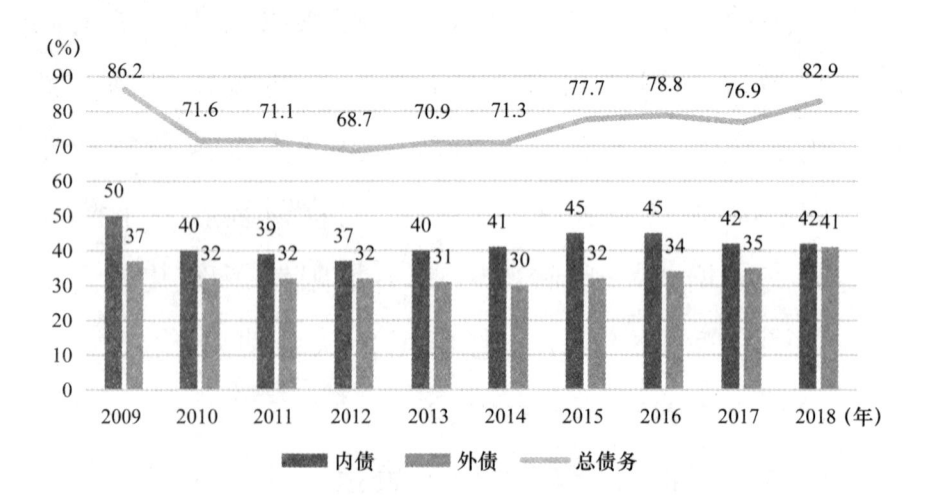

图 2-1 中央政府未偿还债务(占 GDP 比重)
资料来源:斯里兰卡中央银行。

一般来说,以偿债率衡量一国的还款能力,当年外债还本付息额占商品和劳务出口收入额的比率构成偿债率,当一国偿债率超过 20%,即进入债务危机时期。[②]

[①] Annual Report 2017, Ministry of Finance, Sri Lanka, 2017, p. 163.
[②] 宁胜男:《斯里兰卡外债问题现状、实质与影响》,《印度洋经济体研究》2018 年第 4 期。

自 2009 年以来，斯里兰卡的偿债率呈现波动趋势。如图 2-2 所示，2015 年偿债率到达最高值，2016 年下降到 11.6%，2018 年，这一数值回升到 14.5%。因此，改革并未使斯里兰卡的债务负担明显减轻。

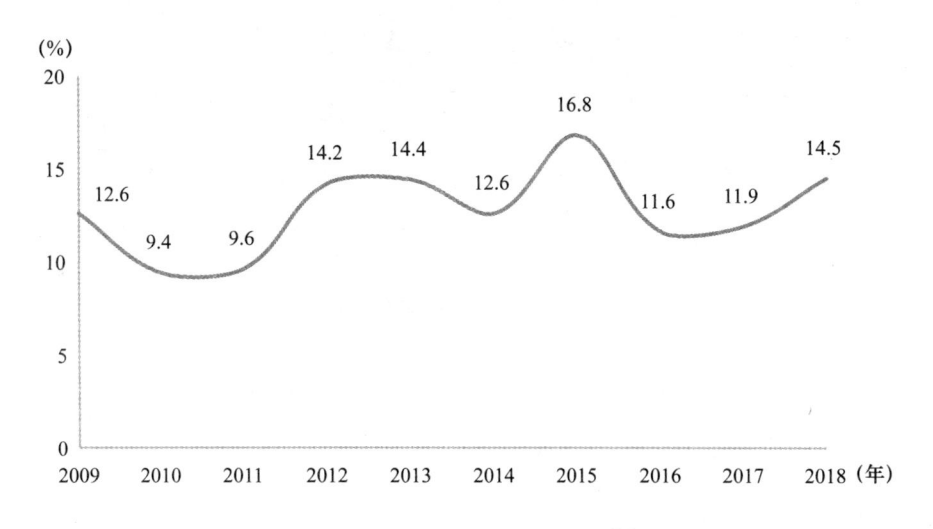

图 2-2 2009—2017 年斯里兰卡偿债率

资料来源：斯里兰卡中央银行。

2003 年，斯里兰卡的市场债券比重仅为 2%，而这一数值到 2017 年上升到了 39%，债务成本明显增加。2018 年，随着卢比的大幅度贬值，斯里兰卡偿债总额大幅度增长 30.3%，占财政收入的比重由 2017 年的 87.5% 提高到 108.8%，偿债压力持续上升。同时，如图 2-3 所示，2018—2024 年，斯里兰卡需偿还债务高达 220 亿美元，根据斯里兰卡财政部的数据显示，在未来 5 年内，有 23% 的斯里兰卡外债即将到期，超过 55% 的外债将在未来 5—10 年到期,[①] 短期偿债压力急剧增加,这也成为其在未来遇到的较大挑战。

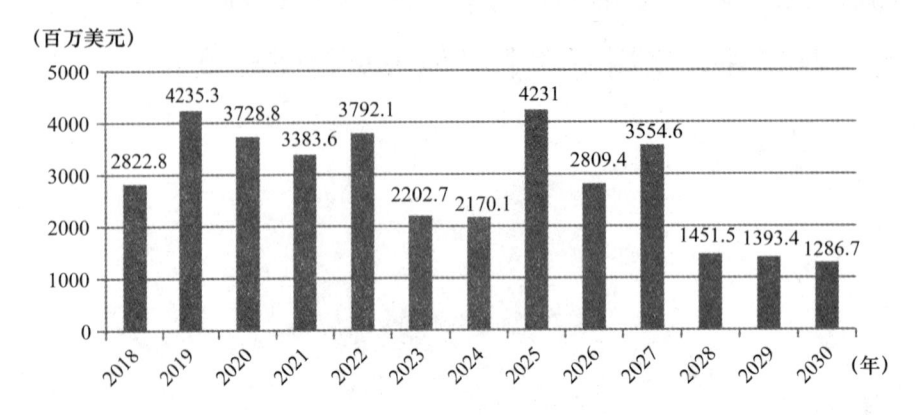

(百万美元)

年份	金额
2018	2822.8
2019	4235.3
2020	3728.8
2021	3383.6
2022	3792.1
2023	2202.7
2024	2170.1
2025	4231
2026	2809.4
2027	3554.6
2028	1451.5
2029	1393.4
2030	1286.7

图 2-3 2018—2030 年斯里兰卡预期债务支付额
资料来源:斯里兰卡中央银行。

一国政府能否合理利用外债资金,决定了其是否会发生大规模债务违约,合理利用体现在合理用途和合理管理。[②] 从用途上来看,斯里兰卡的外债主要用于基础设施建设和经济发展动力的提升。从管理上看,虽然债务期限存在配置不合理,但债务结构相对合理,从一定程度上降低了斯里兰卡发生债务危机的风险。外国贷款、国际及区域多边金融机构、国际金融市场构成了斯里兰卡债务的三类来源。2018 年,斯里兰卡的主要债权国前三为中国、日本和印度;恐袭发生后,

---

① Annual Report 2017, Ministry of Finance, Sri Lanka, 2017, p. 117.
② 宁胜男:《斯里兰卡外债问题现状、实质与影响》,《印度洋经济体研究》2018 年第 4 期。

国际货币基金组织批准了斯里兰卡1.641亿美元贷款的延期支付,亚投行也考虑进一步提高对斯里兰卡的贷款金额,用于基础设施建设和经济发展恢复;而国际金融市场的融资成本则高于前两种方式。

(3) 结构性改革短期收效不明显

斯里兰卡于2017年正式确定发展出口导向型经济,制定了新的国家贸易政策,提高市场竞争力,扩大市场准入和贸易便利化。贸易自由化和私营部门投资是斯里兰卡推动经济结构性改革的关键,政府已承诺逐步取消内向的保护主义政策,以汉班托塔港和科伦坡港口城市项目加强贸易和金融一体化,[①] 包括汇率和财政的一揽子政策推动贸易和投资政策改革,改善整体投资环境。[②]

但结构性改革是一个持续性过程,短期贸易自由化的政策实施未能扭转其贸易逆差的持续扩大。如表2-2所示,2014—2018年,斯里兰卡的贸易逆差逐年扩大,"入不敷出"的状况没有得到根本改变。同时,斯里兰卡在全球分工体系的弱势地位也决定了其盈利

[①] IMF, "IMF Executive Board Completes the Fourth Review Under the Extended Arrangement under the Extended Fund Facility and Concludes the 2018 Article IV Consultation with Sri Lanka", *IMF Country Report*, No. 18/175, 2018.

[②] Prema-chandra Athukorala, "Sri Lanka's post-civil war development challenge: learning from the past", *Contemporary South Asia*, Vol. 24, No. 1, 2016, p. 34.

能力和创收能力较低。要提高其在国际贸易中的竞争力，需要实现卢比在名义上的大幅度贬值。然而，在其目前的经济条件下，这可能会造成以外币计价的政府债务大量增加，政府财政困境进一步加剧。

表 2-2　　　　2014—2018 年进出口贸易总额　　　单位：百万美元

	2014 年	2015 年	2016 年	2017 年	2018 年
总出口额	11130	10546	10310	11360	11890
农产品	2794	2491	2326	2768	2579
工业产品	8262	8017	7940	8541	9258
矿产	60	28	29	34	34
其他	15	20	15	17	18
总进口额	19417	18935	19183	20980	22333
消费品	3853	4713	4319	4503	4980
中间产品	11398	9638	9870	11436	12488
投资品	4152	4567	4981	4895	4690
其他	14	16	13	147	75
贸易逆差	8287	8388	9090	9620	10343

资料来源：斯里兰卡财政部。

2. 改善营商环境，多样化外资来源

在 2019 年发布的《2020 营商环境报告》中，斯里兰卡排名 99 位，比 2018 年提高 1 位。[①] 同时，斯里兰卡也是"多边投资担保机构（MIGA）"的初始会员国，这为外商在斯里兰卡可能遇到的征用、没收以及非商业风险提供了保护。为了引导建立出口导向型经

---

① World Bank, "Doing Business 2020", World Bank Group, 2019, p. 4.

济,斯里兰卡多地出台鼓励政策,现已建立 12 个出口加工区和 2 个私人投资工业园区。① 多个管理部门从不同层面和领域推动和管理对外贸易,其中,斯里兰卡投资管理委员会(BOI)是主管外国投资的部门,通过核查、审批外国投资等方式,促进企业和政府在斯里兰卡投资,并为其提供相关法律及制度帮助。

斯里兰卡注重双边与多边贸易合作。从具体数据来看,如图 2-4 所示,2011 年,世界经济形势好转,斯里兰卡内战结束,外来投资对斯里兰卡经济发展的影响进一步扩大。2017 年,斯里兰卡政府正式提出引导其经济向出口导向型经济转型,FDI 总额从 2017 年

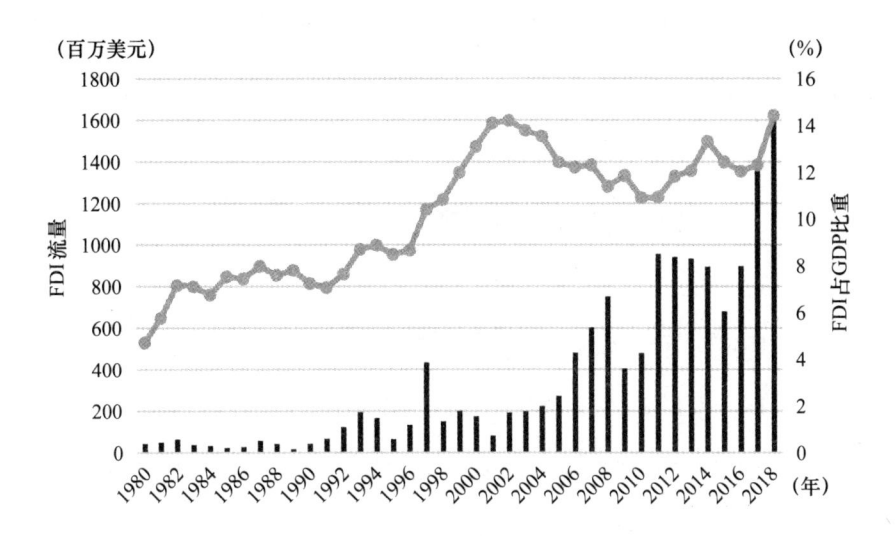

图 2-4 斯里兰卡吸收外来直接投资情况(1980—2018 年)
资料来源:UNCTADstat。

---

① 商务部:《斯里兰卡经济状况与投资环境》,《商务历史》,http://history.mofcom.gov.cn/?bandr=sllkjjzkytzhj。

的 17.1 亿美元上升到了 2018 年的 23.6 亿美元。[1] 斯里兰卡 FDI 流量达到历史最高水平，对外来投资的依赖进一步扩大，而这一增长趋势在未来仍将持续。另外，发展援助在经济生活中作用突出，几乎所有大型项目均依靠外援兴建。

2017 年，中国成为斯里兰卡外国直接投资最大来源国，来自中国的 FDI 投资约占其 FDI 总量的 35%，[2] 涉及能源、交通等重大基础设施项目建设。印度在斯里兰卡的投资相对稳定且规模呈现扩张趋势，与中国的投资在斯里兰卡具有一定替代性。日本拥有技术合作优势，为斯里兰卡先进技术的应用及产业升级提供条件，而美国"印太"战略的推进也为斯里兰卡的外资引用提供了选择。

（三）法律制度较为完善

斯里兰卡的法律体系是原英国殖民者留下的，整体较为完善，但其司法系统容易受到政治和官员个人因素影响，不能完全实现独立，执法过程易受政府政策干扰，官僚机构中索贿受贿现象比较普遍。斯里兰卡政府已经展开司法体系改革，以维护司法机关的独立性。

---

[1] Annual Report 2018, Ministry of Finance, Sri Lanka, 2018, p. 28.
[2] Ibid..

从投资角度来看，斯里兰卡是关贸总协定创始国成员之一，也是世贸组织创始成员之一，已与印度、巴基斯坦、新加坡签订自由贸易协定，并且是南盟和亚太贸易协定成员国。其贸易管理和法律体系大致与世界贸易组织的货物贸易、服务贸易和知识产权一致。斯里兰卡宪法保证了外商直接投资的安全性，确保了双边投资协议的执行和投资及利润的自由汇出，并保护外国投资不被国有化。[①] 首都科伦坡设立了仲裁中心，以便迅速、经济和私下地解决商业争端，斯里兰卡承认《纽约承认和执行外国仲裁裁决公约》，并可通过国际投资纠纷解决公约处理争端。

斯里兰卡有多项促进外国投资的政策，除少数几个受管制的地区外，几乎所有经济领域都欢迎外资拥有。允许投资者汇回其利润的100%，并且不受大多数外汇管制法规的约束。适用于外国投资的主要法律是1978年第4号《斯里兰卡投资委员会法》及其修正案。同时，斯里兰卡还为外国投资提供了竞争性激励措施，包括：对资本货物和原材料给予免税进口；免征增值税；海关关税和港口及机场发展征费；并不受外汇控制限制的约束。1969年颁布并经多次修订的

[①] 商务部国际贸易经济合作研究院、中国驻斯里兰卡大使馆经济商务参赞处、商务部对外投资和经济合作司：《对外投资合作国别（地区）指南——斯里兰卡（2018年版）》，第76页。

《进出口管制法》和《进出口商保护法》，也与贸易密切相关。此外，还有专门管理涉及国家利益或者有可能为国家带来经济和社会效益项目的《战略性发展项目法》。该类项目被视为技术发展项目，由财政部和内阁审议委员会负责审批，同时享受税收等条件的特殊优惠。

　　斯里兰卡税收体系和制度较为健全，税收监管较严格，[①] 主要通过关税和税收杠杆吸引外国投资。外资企业因投资规模、产品出口比例、就业人数和投资领域的不同，而获得不同程度的关税和税收优惠。[②] 斯方鼓励发展出口型企业，外资生产加工企业只有达到一定出口比例要求，才能获得相应优惠政策。2017年斯里兰卡通过了新的税收立法，取消了原有的复杂税收制度，旨在为投资者友好的氛围扩大基础并简化税收制度。该法案纳入国际税收原则，以处理跨境关系，外国投资者的投资环境进一步改善。2003年8月11日，中斯签署《中华人民共和国政府和斯里兰卡民主社会主义共和国政府关于对所得避免双重征税和防止

[①] 陈波：《南亚投资法律风险与典型案例》，中国法制出版社2015年版。

[②] 中华人民共和国驻斯里兰卡大使馆经济商务参赞处：《斯里兰卡对外国投资有关优惠政策》，商务部网站，2015年8月19日，http://lk.mofcom.gov.cn/article/ddfg/201508/20150801085263.shtml。

偷漏税的协定》,① 协定于 2005 年 5 月 22 日生效,2006 年 1 月 1 日开始执行。

2017 年 7 月,斯里兰卡颁布了新的《外汇管制法》,进一步放宽了外国投资法规。外国人可以在斯里兰卡进行符合法律规定的公司收购、债权投资、提供贷款、投资商业银行、政府债券等资本交易行为,而无须根据外汇控制法获得批准。清算和投资到期的所有收入和收益都可以通过投资者的内向投资账户汇回,而不受限制或监管部门的批准。另外,斯里兰卡劳动法规框架健全,受劳工部管辖。与知识产权有关的法律受 2003 年第 36 号《知识产权法》的管辖,该法律以 WIPO 发展中国家示范法为基础,纳入了国际公认的知识产权原则和概念。外国投资者可以通过斯里兰卡国家知识产权局申请知识产权。与环境有关的行为受 1980 年第 47 号《国家环境法案》的保护。该法案允许进行环境检查,核发许可证以及进行环境影响评估。规范国内土地所有权的主要文件是 2014 年第 38 号《土地法》。斯里兰卡允许外国投资者以租赁方式获得土地,最长期限为 99 年,且不收取租赁税。②

伴随斯里兰卡结构性改革的需要,以税收优惠、

---

① 国家税务总局:《中国居民赴斯里兰卡投资税收指南》,第 42 页。
② Sri Lanka BOI, "Land Act: Acquisition of land in Sri Lanka by foreigners", http://investsrilanka.com/land-act/.

税率降低等吸引外来投资的方式已经逐渐被以规则和投资为基础的激励措施所取代。未来，斯里兰卡的所得税可预测性和透明度有望进一步提升，以为投资者创造公平的竞争环境。

（四）社会文化环境多元

斯里兰卡是一个多元文化、多民族、多语言和多宗教信仰的国家。根据盖洛普调查显示，斯里兰卡是全球第三大宗教国家，有99%的人认为宗教是其生活的重要组成部分。恐怖袭击的发生使得斯里兰卡国内宗教和族群发生潜在冲突的可能性提升，民族主义情绪的上升加剧了宗教矛盾，而穆斯林群体生活环境的恶化，也使得斯里兰卡长期存在的族群矛盾出现了第三股力量的参与，加之人口结构的年轻化，对社会秩序的稳定构成了极大威胁。

1. 人口年龄结构年轻，劳动力需求总量下降

2018年，斯里兰卡总人口为2167万，15—64岁的年龄段占主导地位，全国大约65.8%的人口位于该年龄段。而其城市化水平比较低，城镇人口占比18.4%。人口最密集、经济最发达的地区是西南部潮湿地区和中部高山地区，这些地区仅占国土面积的

14%，却集中了全国50%以上的人口。受到传统习俗和宗教信仰的影响，斯里兰卡社会的性别不平等已经成为其社会问题之一。女性易受侵害，根据2013年联合国的一项调查显示，有16%的斯里兰卡男性承认强奸过或试图强奸女性，96.5%的男性犯下强奸罪没有承担过任何法律后果。经济增长的乏力，加之较为年轻的年龄结构，使斯里兰卡社会蕴含了不稳定因素。

根据世界银行的调查报告显示，斯里兰卡是劳动力最丰富的国家之一，所需外籍劳务较少。而相比较其他发展中国家来说，斯里兰卡为外来投资企业提供了素质较高的劳动力。斯里兰卡拥有较为成熟的职业教育体系，大多数劳动者可以用简单的英语进行交流。从政治环境来看，政府和各党派都高度重视劳工问题，以争取更多的选民支持。斯里兰卡《劳工法》的核心内容包括几个方面：工资、薪酬、福利的规定；对妇女、儿童的保护；职业安全健康以及对劳工的赔偿；社会保险；雇主与雇员的劳动关系；对外国人的就业规定等。《劳工法》保护工人权益。外资对当地企业进行收购、兼并时不得随意开除工人。[①] 同时，明确工会可依据法律保护劳工权益、协调劳资关系。除承包

---

① 商务部国际贸易经济合作研究院、中国驻斯里兰卡大使馆经济商务参赞处、商务部对外投资和经济合作司：《对外投资合作国别（地区）指南——斯里兰卡（2018年版）》，第65页。

工程项目或拥有投资项目的专门协议,移民局严格限制外籍劳务人员。① 与工会关系的处理,成为在斯里兰卡投资的外资企业所必需学习的内容。

近五年间,斯里兰卡职业教育系统的劳动力供给数量维持在年均 10 万人以上,但劳动力需求降至年均 8 万人以下,② 经济增长的乏力是造成劳动力需求下降的直接原因。职业教育和市场人才需求的不匹配也是影响其劳动力就业的关键。这虽然降低了外资企业投资过程中用人成本,但也提升了其在经营中的人员培训成本。

2. 宗教矛盾日趋紧张,民族主义情绪上升

斯里兰卡宪法规定了思想和宗教的自由,佛教是斯里兰卡的国家宗教,占斯里兰卡人口的 70.2%,③ 在宗教信仰中被宪法赋予"首要地位"。

2017 年以来,斯里兰卡佛教徒与穆斯林教徒之间紧张关系日益加剧,一些强硬派佛教徒指责穆斯林教

---

① 商务部国际贸易经济合作研究院、中国驻斯里兰卡大使馆经济商务参赞处、商务部对外投资和经济合作司:《对外投资合作国别(地区)指南——斯里兰卡(2018 年版)》,第 65 页。

② 张振:《斯里兰卡职业教育系统的现实挑战与发展趋势——基于劳动力供求的分析》,《职教论坛》2018 年第 10 期。

③ 外交部:《斯里兰卡国家概况》,https://www.fmprc.gov.cn/web/gjhdq_676201/gj_676203/yz_676205/1206_676884/1206x0_676886/,2019 年 1 月。

徒强迫当地民众皈依伊斯兰教、破坏佛教遗迹而对穆斯林企业与宗教场所实施破坏。斯里兰卡当地存在包括 BBS（Bodu Bala Sena）在内的佛教民族主义团体，致力于宣扬僧伽罗佛教的至高无上地位。2018 年 3 月，一群穆斯林男子因交通纠纷杀害了一名僧伽罗佛教信徒，当地佛教民族团体玛哈·索洪·巴拉卡亚（Maha Sohon Balakaya），在康提制造骚乱，煽动反穆斯林人群进行集会和游行，造成 2 人死亡。调查部门虽然逮捕了有关团体领导人，但康提高等法院最终将其保释释放。

2019 年 4 月 21 日，斯里兰卡先后发生 8 起爆炸，致使 253 人死亡，500 多人受伤。4 月 23 日，极端组织"伊斯兰国"宣称对斯里兰卡爆炸案负责，但并未展示证据。4 月 27 日，斯里兰卡政府宣布取缔涉嫌组织策划系列爆炸袭击的本地极端组织"全国认主学大会组织（NTJ）"和"易卜拉欣信仰大会组织（JMI）"。5 月 6 日，代理警察总长表示，所有涉嫌参与连环袭击的策划者以及直接相关者，都已被捕或死亡。恐怖袭击的发生恶化了斯里兰卡国内穆斯林的生存环境，激化了宗教矛盾。在部分有影响力的佛教僧侣影响下，斯里兰卡 9 名穆斯林部长辞职，激进的佛教团体继续煽动针对穆斯林社区的暴力行为。越来越多的穆斯林面对怀疑和暴力，滋生新的宗教摩擦因素。

3. 族群矛盾由来已久，潜在冲突趋于复杂

在斯里兰卡的民族构成中，人数最多的民族分别为僧伽罗族、泰米尔族和摩尔族，其比例分别占总人数的74.9%、15.4%和9.2%，其他民族占总人数的0.5%。僧伽罗人和泰米尔人两大族群的矛盾贯穿历史发展的各个阶段。殖民统治时期，由于泰米尔人具有较强的英语能力、受到殖民当局重用，占据公共机构中的大量职位。而在斯里兰卡独立时，英国把国家政权交给僧伽罗人，为日后两族间的矛盾埋下伏笔。

1956年，斯里兰卡举行国家选举，自由党提出的"只要僧伽罗法案"，赢得了大多数僧伽罗人的支持，并在大选中一举战胜了统一国民党。[1] 带有歧视性的国家政策开始推行，影响泰米尔人对国家的认同，民族分离主义情绪逐渐兴起。[2] 20世纪70年代，以主张通过暴力建立独立泰米尔国家的泰米尔伊拉姆解放虎（通称猛虎组织）出现。1983年，随着猛虎组织伏击政府军车队，斯里兰卡自此陷入内战。2009年，猛虎组织头目及多名核心领导成员被击毙，内战宣告结束。

---

[1] 张敦伟：《族群政治中的宗教对抗：斯里兰卡的佛教国家化与国家意识形态》，《南亚研究季刊》2016年第1期。

[2] ［斯］迈克尔·罗伯茨：《斯里兰卡的民族问题：和解的障碍》，刘兴武译，《民族译丛》1981年第3期。

但两大族群的矛盾并未随战争的结束而终结,泰米尔人的不满和潜在民族冲突仍然是社会安全的不稳定因素。

内战结束后,政府承诺在宪法允许范围内对泰米尔人聚居区放权,[①] 但是这一政策并未得到有效执行。马欣达·拉贾帕克萨建立了由僧伽罗族主导的国家治理模式,对少数民族实施较为苛刻的政策。因此,虽然战后的物质重建活动和大多数与经济发展有关的活动都得到了很好的执行,但在司法、政治和安全部门改革、和解和保护人权方面的进展十分有限。[②] 2015年,西里塞纳因其提出的民族和解政策而在选举中获得了少数族群的普遍支持。任期内,为了实现其竞选承诺,并缓和族群间的紧张关系,西里塞纳重启改革,但这一改革因政府内部缺乏共识和协调性,并未得到有效推行。

穆斯林群体作为斯里兰卡的第三大民族群体,其不满虽未成为族群冲突中的关键,却由来已久。2003年,"欧卢维尔宣言"被纳入斯里兰卡穆斯林大会党党纲,不同省份的穆斯林开始寻求其作为独立族群身

[①] 杨思灵:《内战结束后斯里兰卡的僧泰冲突》,《南亚研究季刊》2012年第3期。

[②] Boženko Đevoic, "Sri Lanka: Physical reconstruction and economic development as conflict prevention factors", *CIRR XIX*, No. 69, 2013, pp. 55–75.

份的存在。① 2009 年斯里兰卡内战结束，穆斯林群体并没有被看作利于冲突解决的关键第三方。② 在解决民族冲突的过程中，穆斯林群体提出"领土自治、宗教自决、承认实体地位"等要求，并未得到满足。③ 总体来看，穆斯林群体在斯里兰卡政治环境中始终处于边缘地位，这也导致其不安全感问题并未得到解决，并表现在日益增加的佛教徒与穆斯林教徒的紧张关系上。而由于"恐怖袭击"引起的佛教民族主义的兴起，斯里兰卡潜在族群冲突危机将加剧。

（五）生态环境状况良好

斯里兰卡的生态环境保持在一个较好水平，政府重视环境保护，制定了严格的环境保护相关的法律。自 1980 年包括和涵盖所有环境问题的国家环境法被初次制定以来，斯里兰卡共有 40 余项环境相关法律。根据 1988 年的国家环境法（修正案），环境影响评估制

---

① A. M. Rasak and H. M. N. Mansoor, *Oluvil Declaration*: *The national upheaval and political declaration to ensure the political aspirations of North East Muslims*, Athirvu, student council, South Eastern University, 2003.

② 张敦伟：《族群冲突的第三方：斯里兰卡的穆斯林问题》，《亚非研究》2017 年第一辑。

③ Ravi Kaul, "The Indian Ocean: A strategic posture for India", in T. T. Pculose ed., *India Ocean Power Rivalry*, New Delhi: Young Asia Publications, 1974, p. 65.

度是实现国家可持续发展的重要手段之一,[①] 也是其对外资项目进行环境审批的重要依据。

斯里兰卡拥有良好的自然环境,但经过多年发展,也存在包括森林砍伐、水污染、物种多样性被破坏、土地恶化等多种环境问题。在此背景下,政府更加看重在经济发展中的环境保护问题,对环境产生重大影响的项目或处于环境敏感地区的项目都需要进行环境评估。由项目审批机构进行项目批准,当涉及多个机构时,则由中央环境局进行审批机构的选择。

对于不会对环境造成显著影响的项目,可通过初始环境监察进行项目环评,而对于存在显著环境影响的项目,则需要进行更加详细和全面的评估程序——环境影响评估（EIA）。根据 EIA 的要求,项目需要通过包括:资料提交—选定项目审批机构—划定评估范围—确定评价职权范围—公众参与—成立技术评估委员会—项目审批—企业提出减轻污染方案—企业递交检测计划等多个步骤的审批流程。[②] 同时,环境审查报告应被视为公开文件,在 30 个工作日内公开征求意见。投资者和公众均可对环评结果表示异议。当前,环境影响评估在工程或投资项目的评估方面占有很高

[①] 商务部国际贸易经济合作研究院、中国驻斯里兰卡大使馆经济商务参赞处、商务部对外投资和经济合作司:《对外投资合作国别（地区）指南——斯里兰卡（2018 年版）》,第 70 页。

[②] Order published under the Gazette Notification No. 772/22, 1993.

的权重。另外，投资管理委员会的环境部门会在环保规范等方面给投资者以建议与指导，并参与环保审批。

能否合理处置在生产过程中造成的生态环境影响是斯里兰卡进行环境评价考虑的关键要素。斯里兰卡的环境影响评价相关法律不仅考虑了本国的风俗习惯，还夹杂着多国的法律法规，具有唯一性。外资企业在进行投资时，需要了解当地的法律法规及风俗习惯，同时也需要了解其动植物生活习惯，合理处理生态环境问题。

三 影响斯里兰卡项目投资的社会安全因素

斯里兰卡的社会安全状况对其投资安全存在着决定性影响,但不是一一对应的关系。从投资角度来看,一些社会安全因素并不会直接对外来投资造成风险。经过识别,腐败低效、政治生态、外债、法律制度、公共安全和环境保护是影响外资在斯里兰卡投资安全的主要因素。

(一) 腐败低效因素

腐败对投资企业的影响是深层次的,腐败带来的成本增加和社会不稳定直接恶化投资环境,威胁投资安全,并且贯穿于企业投资和经营的全过程。根据2018年透明国际组织公布的全球清廉指数报告,斯里兰卡位列第89位,[①] 与2017年基本持平。斯里兰卡的

---

① Transparency International, *Corruption Perceptions Index 2018*, 2018.

腐败源于"政策失误，亏损和低效的政府机构"。最常见的形式包括为避免官僚主义而支付的"疏通费"、政府官员的贿赂、裙带关系和任人唯亲。西里塞纳虽然通过抨击拉贾帕克萨政府的腐败而赢得了相当部分的选票，但在其任期内，斯里兰卡的腐败现象并未得到明显改善。

对于外资企业来说，当地政府腐败所带来的投资风险主要体现在三个方面，首先，在项目审批过程中，不公平竞争会损害企业的投资权利，无法正常获得投资项目。其次，在企业经营过程中，腐败会增加经营成本，降低办事效率，影响投资权益。最后，随着斯里兰卡国内政治斗争的激烈与政局环境的动荡，腐败已经成为不同利益群体相互攻击的工具，已经通过审批的项目，特别是大型投资项目，极有可能受到波及，造成企业损失。

在项目的审批和经营中，效率低下的政府官僚机构对外资企业开展业务构成直接的负面影响，[①] 导致投资风险的提高。据国际货币基金组织估计，新兴市场公共投资30%的潜在收益，通常会因腐败泛滥而丧失。而对外资企业投资拥有重要影响的斯里兰卡投资局也被指曾参与腐败，影响外资企业在进行投资时的

---

① World Economic Forum, *The Global Competitiveness Report 2016 – 2017*, 2016.

正常经营活动和审批手续。在企业经营上，海关部门的腐败风险也会带来在跨境贸易时的低效和在边境面临的烦琐进出口程序。① 缴纳税款时的非正常付款和贿赂也很常见，甚至导致外国公司在斯里兰卡缴纳的税款总额超过南亚地区的平均水平。②

同时，腐败作为一种话语经常被政治化，可以用来动员抗议或镇压异见。③ 在斯里兰卡的社会背景中，腐败成为不同党派和政治团体互相攻击的工具，而在相关腐败情况的调查过程中，大型项目的审批是其中的重要组成部分，许多在建和已经通过审批的项目，也因此而有受到牵连的风险。西里塞纳在其任期内公开宣布任命特别委员会，调查由维克勒马辛哈政府于2015年1月至2018年10月所犯的欺诈和渎职行为。④ 维克勒马辛哈所在的统一国民党也针锋相对地指出，西里塞纳的渎职行为也应该被调查。斯里兰卡政治生态的动荡，使得一些在建大型项目因此而面临风险。

---

① World Economic Forum, *Global Enabling Trade Report*, 2016.
② World Bank, "Doing Business", World Bank Group, 2017.
③ Smith Daniel Jordan, *A Culture of Corruption: Everyday Deception and Popular Disconent in Nigeria*, Princeton and Oxford: Princeton University Press, 2008.
④ "Sri Lanka's UNP says President should be included in corruption probe on former govt", NewsInAsia, November 26, 2018, https://newsin.asia/sri-lankas-unp-says-president-should-be-included-in-corruption-probe-on-former-govt.

另外,腐败也加剧了社会动荡的可能性。社会中存在的独断专行、任人唯亲和腐败等问题,积聚了巨大的"负能量",斯里兰卡国防部国家安全研究所所长指出,"斯里兰卡的年轻人已经对政府感到失望"①。这使得更多的年轻人成了现存制度的批判者,他们的情绪因此而更容易受到利用,造成社会的不稳定。

(二)政治生态因素

政治生态对企业投资拥有最直接的影响,也是在投资中最先考虑的因素。政治生态可以从宏观和微观两个方面进行衡量。从宏观层面来看,受到斯里兰卡国内政治环境动荡和国际政治环境复杂化趋势的影响,各国在斯里兰卡的投资安全均面临威胁。而微观层面的政治风险是对特定的商业活动和外国投资者群体有选择的影响,具有歧视性。

1. 宏观政治因素

从内部来看,斯里兰卡国内政治力量对比正在发生变化,由原来的"两党博弈"向"多党竞争"转

---

① Vanessa Gu and Nurfilzah Rohaidi, "Exclusive: One man's fight against Sri Lankan corruption", Govinsider, April 3, 2019, https://govinsider.asia/inclusive-gov/exclusive-one-mans-fight-against-sri-lankan-corruption/.

化，加之民族主义思潮的兴起和左翼力量的壮大，其政治生态环境正在经历根本性调整和变化。从外部来看，美国"印太战略"的推行提升了斯里兰卡的战略重要性，大国在该地区的力量对比逐渐发生变化，外部环境的复杂性进一步提升。

（1）国内政治环境动荡，项目管理风险增加

内战的结束虽然带来了表面上平稳的环境，但暗藏着政治不稳定因素。西里塞纳任期内，自由党和统一国民党的联合执政推进效果不达预期，反而因无法满足各方需求而使矛盾激化。斯里兰卡人民阵线力量崛起，赢得新一届总统大选。议会中左翼政党联合，统一国民党虽然在竞选中落败，但政治势力不可小觑，各方势力的平衡与角逐使得斯里兰卡政治局势更加动荡。

从投资角度来看，政治环境的动荡直接提升了外资在斯里兰卡投资的政治风险，重挫了斯里兰卡的国际形象。第一，斯里兰卡上层部门协调间的矛盾，使得原本就存在漏洞和隐患的安全局势雪上加霜，直接导致恐怖袭击的巨大伤亡，威胁外资企业经营人员的人身安全。第二，各方势力的角逐导致政府管理效率低下，各部门之间相互推诿，项目进展受到极大影响。大型基础设施项目成为各方势力相互掣肘的重要议题，项目管理风险持续提高。第三，政治环境的动荡直接影响了社会环境的稳定，容易引发民众的不满情绪。

而外国投资，一旦未能处理好与当地劳动力的劳资问题、宗教问题等各类敏感因素，就极易受到当地的反对和抵制，为项目的投资、管理和审批环节带来不确定性。

（2）国际政治环境复杂，外资竞争压力提升

西里塞纳任期内，斯里兰卡在外交上重新强调"平衡外交"，努力寻求改善与印度及西方各国的关系，以摆脱对中国的"过度依赖"。

在政治和军事上，印度总理莫迪多次出访斯里兰卡，对斯里兰卡重视程度进一步提高，两国军事合作有所加强。日斯双边关系向政治和军事合作拓展，而美国则直接加强了对斯里兰卡的军事援助，虽然目前规模仍然有限，但也体现出其战略重点和目标。在经济上，斯里兰卡也为印度和日本提供更多投资机会。

国际政治环境的复杂化直接影响了外资在斯里兰卡的投资环境。一方面，"平衡外交"政策为来自不同国家的外资提供了投资机会和更加开放的合作环境。另一方面，这也为斯里兰卡提供了更大的选择空间，导致现有外资企业更大的投资竞争。对于大型项目，斯里兰卡政府更偏向于将机会给予印度、日本等国家的公司，其他公司在竞争过程中，可能会需要通过压缩利润空间等方式取得优势，从长期来看，这不利于外资企业在斯里兰卡投资的扩大。

2. 微观政治因素

微观政治因素是指中国企业在斯里兰卡投资中所面临的政治因素。斯里兰卡一方面在发展层面需要利用中国的经济实力和地缘需要搭载中国"便车",提高自身经济实力;另一方面,也需要通过向印度及西方国家示好,提高其政治影响力,平衡对中国的经济依赖。因此,斯里兰卡对中国抱有复杂的矛盾心情。2015年总统大选,西里塞纳指责科伦坡项目涉及拉贾帕克萨家族的贪污腐败,为其最终赢得总统大选起到了关键作用。西里塞纳上台后,为向西方及印度示好,将科伦坡项目叫停,虽然项目最终得到了恢复,但也受到了较大经济损失,中斯政治互信水平下降。2018年9月,数万名抗议者在反对派的带领下,封堵了科伦坡主要道路,抗议对汉班托塔港的处置,成为西方指责中国"一带一路"为债务陷阱的重要证据。

虽然斯里兰卡希望逐渐摆脱对中国的"依赖",但其经济发展模式决定了在短期内不能缺少中国的资金支持。印度在斯里兰卡投资项目进展有限,日本虽也为斯里兰卡提供了低息贷款,但其规模不足以成为中国的替代。因此,斯里兰卡更倾向于将中国的"势力范围"限于经济领域,这也意味着中国企业在斯里兰卡的投资需要更加谨慎,尤其是当前中国在斯里兰卡投资集中在基建领域，对国内及国际政治环境的稳定性有较高要求，一旦政策发生变化，项目变数极大。此外，中国项目频频成为各方势力角逐的"政治议题"，对中国投资在当地面临的舆论环境造成极大负面影响，不利于项目的顺利开展。

不论是所谓"亲中派"还是"亲印派"，中国的基础设施项目，因开发时间长、体量大、影响力大，都会成为不同政治势力用来攻击对方、获取民心和政治资本的政治工具。拉贾帕克萨因其在内战结束后面临的历史背景而选择了与中国扩大合作，而西里塞纳则因国际政治形势的变化而选择平衡外交政策，因此，斯里兰卡外交政策的首要选择依据将仍是"利益优先"。

（三）外债因素

斯里兰卡的经济发展存在着增长乏力、外部敏感性较高等多种问题，但从投资角度来看，其日益增加的外债可能带来的债务违约风险，对投资安全造成直接影响。

1. 偿债压力维持高位

斯里兰卡的偿债压力持续扩大，一方面体现在其保持在较高水平的债务存量，另一方面也体现在其未来5年中将集中到期的债务期限。为应对这一问题，斯里兰卡先后采取了"批准应对到期国际主权债券的战略"、"批准《责任管理法》"、将债务管理职能合并为一个独立的公共债务管理机构、制定、执行和定期发行中期债务管理战略等方式，提升投资者信心。虽然斯里兰卡政府一直致力于增加出口，推动经济保持强劲增长以获得持续发展动力。但2017年正式确定的出口导向型经济，尚未能扭转其贸易逆差的持续扩大。同时，在全球分工体系的弱势地位也决定了其盈利能力和创收能力较低。

斯里兰卡主权债务息差相对稳定，市场准入前景良好，世界银行、亚洲开发银行和主要双边捐助者也提供了融资保证，因此，发生主权债务危机的可能性较小。但由于该国公共债务规模依然庞大、外部支出较低，仍易受到不利冲击。要提高斯里兰卡在国际贸易中的竞争力需要卢比在名义上的大幅度贬值，然而，在其目前的经济条件下，仅依靠名义汇率贬值来实现宏观经济调整可能会造成危机。而以外币计价的政府债务也会大量增加，加剧政府财政困境。因此，在短期内，斯里兰卡政府主要采取税收方式进行调节。而税收体系进一步扩张，则会直接影响外资企业投资成本。

2. 对中国投射"外债焦虑"

斯里兰卡内战结束后，开始进行大规模基础设施建设，以拉动经济发展，并在外大量举债以获取资金支持。这使得斯里兰卡陷入借入资金还旧债、债务不断累积的"债务融资型增长模式"。[①] 西里塞纳虽然批评了大量借债行为，但在其提出的"愿景2025"中，基础设施建设仍然是发展的最优先选项。[②] 包括中国在内的多个主权国家及多边国际组织均为斯方提供了大量资金支持，中国一跃成为斯里兰卡最大外资来源国。债务问题虽然是斯里兰卡经济发展长期历史积累的结果，但是作为债务持有者之一，中国的投资安全也会受到影响。

首先，随着近年来中国与斯里兰卡合作规模的扩大和大型项目的上马，斯里兰卡国内将"外债焦虑"投射于中国。对中国的攻击成为西里塞纳赢得胜算的重要筹码，以债务问题攻击汉班托塔港项目，也成为反对派动摇政府统治秩序的手段。斯里兰卡国内对债务的焦虑心态已经部分上升为对中国项目的抵制和消极态度，并使中国投资项目成为政治斗争的借口和"牺牲品"。斯方对待中斯经贸投资合作的态度更为谨慎，国内民意对中国投资较为排斥，中国的投资环境恶化。

[①] 宁胜男：《斯里兰卡外债问题现状、实质与影响》，《印度洋经济体研究》2018年第4期。

[②] 配合"愿景2025"，斯里兰卡政府提出"公共投资计划"（PIP）。其中2018—2021年期间的总投资约为26550亿卢比，拨出的最高数额用于发展基础设施，其中交通部门受到高度优先重视。另外，"公共投资计划"还将人力资源开发、工业、农业和区域发展列为优先事项。

其次，斯里兰卡债务问题使中国受到国际舆论攻击。2018年7月，有美国媒体称，中方以"债务陷阱"谋取汉班托塔港，引起轩然大波。美印等国出于自己的利益考量，对相关项目横加指责，无视项目的积极效应，极大影响了中国的国际声誉和其他国家对"一带一路"项目的判断。中国虽然也进行了澄清，但中方投资项目大多存在透明度不足等问题，形成"信息逆差"，使得西方大加渲染的指责在短时间内迅速占领"舆论高地"。这些负面报道强化了斯里兰卡国内民众对投资的消极印象，对"一带一路"项目的抹黑也对中国在其他地区的投资产生负面作用。

最后，加深斯里兰卡对中国投资模式的疑虑。中国对斯里兰卡的投资以EPC模式为主，即由中方贷款融资、中方国企进行工程总承包的方式。这种方式具有内向型、封闭性和透明性较差的特点，[1] 容易引起误解和质疑。伴随项目建设的土地使用权/所有权问题、官员腐败问题、企业所有权等热点问题，都会成为引发民众对中斯合作平等性、互利性的怀疑和不信任，挑动舆论敏感神经。[2]

---

[1] 许勤华、李广、S. P. Popov：《"国际能源合作倡议"及其有效性研究：一项以APEC框架内能源合作项目为样本的规范性检验》，《国际论坛》2016年第7期。

[2] 宁胜男：《斯里兰卡外债问题现状、实质与影响》，《印度洋经济体研究》2018年第4期。

（四）法律制度因素

尽管斯里兰卡拥有较为完善的法律体系，并为外国投资创造了积极的制度环境，但由于职能部门间缺乏有效协调等问题，影响了相关政策的落实，导致部分现有优惠无法有效执行。日本议会代表团曾公开表示，斯里兰卡政府对投资企业退税进程迟缓，已成为阻碍日企在斯里兰卡投资的重要原因之一。根据相关法律及政策规定，投资局和工业开发园区等的设置均为外商投资、提升资金使用透明度和资本收益安全提供便宜。但在实际运行中，会出现由于政府职能部门间协调性的缺乏，造成一些外商投资项目所需的土地、工程物质供应衔接不力。[①]

同时，斯里兰卡动荡的政治环境也影响了法律法规的有效执行，政治风险的增加可以改变甚至在某些情况下废除现有正式法律。为投资者提供保护的宪法能否发挥作用，在很大程度上取决于政治体系的稳定性和可信度。[②] 就斯里兰卡的实际情况来看，司法系统

[①] 李好：《对斯里兰卡直接投资：机会与风险分析》，《对外经贸实务》2011 年第 9 期。

[②] M. Gassebner and Pierre-Guillaume Méon, "Where do creditor rights matter? Creditor rights, political constraints and cross-border mergers and acquisitions activity", Zurich: *CEB Working Paper*, 10/09, 2010.

尚不能实现完全独立，在执法过程中易受到政治和官员个人因素的影响，在投资中偏袒本国人、官僚机构中索贿受贿现象比较普遍等成为其法律有效执行的主要阻碍。目前斯里兰卡政府已经展开司法体系改革，致力于维护司法机关的独立性，但在出于政治目的需要时，法律仍常常成为被利用的工具。

而由于与中国投资要求存在很大不同，中国企业在斯里兰卡进行投资时，也可能会遇到包括信息报告、纳税申报、调查认定等法律环境风险。为了吸引外来投资，斯里兰卡对外资企业给予一定的税收优惠，并已与中国签订税收协定，但能否完全享受该协定的待遇，仍然存在不确定因素。如前所述，斯里兰卡存在优惠政策难以落实、税收协定无法有效执行的问题，可能会导致双重征税，未能享受利息或特许权使用费的低税率，未享受抵免或饶让等风险。[①] 加之中斯两国税法有关常设机构的认定、脱离实质性经济活动享受税收优惠认定等规定都不尽相同，在具体操作过程中，也存在着滥用税收协定待遇的可能性。与此同时，斯里兰卡税目种类较多，税收制度不确定性较大，对税目的把控和掌握提高了中国企业的管理难度。

---

① 国家税务总局：《中国居民赴斯里兰卡国投资税收指南》，第60—63页。

（五）公共安全因素

族群矛盾和宗教矛盾是威胁斯里兰卡社会安全的最直接因素，特别是在民族主义情绪高涨和外部干预增强的背景下，僧伽罗、泰米尔和穆斯林群体发生冲突的潜在危险大幅度提升。与此同时，斯里兰卡的人口结构和人力资本环境潜藏着不稳定因素，文化距离带来的管理难度等，都对企业的投资安全造成深层影响。

1. 人口年龄结构及劳资环境蕴含不稳定因素

斯里兰卡拥有较为年轻的年龄结构，这一方面为其经济发展提供了动力，另一方面，据 Trading Economics 提供的数据显示，斯里兰卡青年失业率达到 19.6%，年轻群体也成了潜在社会不稳定因素，具有更高的犯罪率预期。同时，受到文化影响，斯里兰卡民众对于变革有着超出一般的热情。在这种文化背景下，民众情绪极易被煽动和利用。恐怖袭击发生后，斯里兰卡社会内部对立情绪更加明显，小范围的冲突时有发生，虽然其主要诉求并非针对外资项目，但包括中国项目因体量庞大、周期长，很容易成为这种情绪宣泄的"靶子"。对投资来说，企业的经营环境因此而受到了极大负面影响。

同时，斯里兰卡拥有较为完备的劳动保障措施和工会制度，各级政府十分重视工人权益的实现。法律规定外国投资者在斯里兰卡投资、经营时需雇佣当地劳动力。这就决定了在斯里兰卡投资的企业大多数会选择通过与当地企业合资的形式进行经营。而在对当地企业进行收购、兼并时，外国资本不得随意开除本地工人，[①]这也就导致了"文化距离"的客观存在。文化距离使得合资企业内部极易出现合资伙伴之间的误解和管理冲突，导致内部不确定性。[②]虽然与文化有关的误解通常是无意的，但它严重阻碍了公司的高效运营。这就需要企业结合自身发展需要进行劳动力选择，并为其提供培训交流机会，使其理解和融入企业文化和管理经营。

外资企业在投资时所面临的重要问题之一，是妥善处理与当地工会的关系。斯里兰卡工会在企业经营过程中拥有着无法忽视的特殊地位，一般都有相关的党派作为政治靠山，工会组织十分活跃，力量较大，也会参与因政治原因爆发的大规模罢工或冲突。根据斯里兰卡劳动法规定，雇主在解雇员工时也必须得到

[①] 庞华晓、陈伟雄：《我国企业对斯里兰卡直接投资分析》，《合作经济与科技》2018年第8期。

[②] Dean Xu and Oded Shenkar, "Institutional distance and the multinational enterprise", *Academy of Management Review*, Vol. 27, No. 4, 2002, pp. 608–618.

工会同意，工会对工人权益进行严格保护。因此，处理劳资纠纷成为导致企业经营及管理成本提高的重要影响因素。

2. 公共安全问题直接威胁投资安全

斯里兰卡的公共安全问题主要体现在族群和宗教矛盾上，小范围和小规模的冲突时有发生。恐怖袭击使得其公共安全问题出现了新的变量。内战的结束并未化解僧伽罗族与泰米尔族之间的矛盾，主要政党仍然寻求通过僧伽罗佛教建立国家意识形态，并未给予泰米尔族足够的政治上的承认与接纳。[①] 这对斯里兰卡国内族群问题的彻底解决及僧泰两族的和解带来了直接的消极影响。而穆斯林群体对恐怖袭击后遭到歧视的不满和佛教民族主义的兴起，使得未来族群冲突再起波澜的潜在风险提升。

从投资角度来看，族群矛盾和宗教矛盾对投资环境的安全性造成直接影响。族群矛盾导致斯里兰卡日常生产和经营环境的不稳定，而恐怖主义的滋生则对外来投资者及其工作人员的人身安全造成直接威胁。虽然斯里兰卡政府已取缔了本地极端穆斯林组织，但国内穆斯林对其社会生活状况的不满并未得到解决，

[①] 张敦伟：《族群政治中的宗教对抗：斯里兰卡的佛教国家化与国家意识形态》，《南亚研究季刊》2016年第1期。

加之斯里兰卡的政局动荡为恐怖主义的滋生和恐怖袭击的再次发生提供了空间。

此外，恐怖袭击激化社会矛盾，对投资项目的平稳运行造成影响。斯里兰卡穆斯林总体较为温和，宗教矛盾及摩擦未成为内战结束后的社会主要矛盾。然而，随着恐袭的发生，本地一些佛教组织和教派，开始对当地穆斯林进行抵制与攻击。9名穆斯林部长及2名穆斯林省长在部分佛教僧侣的压力下辞职，主流佛教教派僧侣公开发表仇恨穆斯林的演讲。[①] 部分当地人关闭了商店并停止了公共交通，以支持僧侣。宗教矛盾的持续激化，不仅会因由此带来的歧视和暴力，造成对社会稳定的损害，还侵蚀了斯里兰卡的政治稳定。加之僧伽罗人与泰米尔人的传统族群冲突，斯里兰卡的社会稳定性及公共安全很难得到保证。

3. 外部影响增加社会安全的不确定性

不论是内战期间的猛虎组织，还是内战结束后的小范围族群冲突，均可以看到外部影响的干预，也使得本就复杂的民族冲突变得更加难以解决。

印度南部的泰米尔纳杜邦与斯里兰卡泰米尔人同

[①] "Fear in Sri Lanka as monk calls for stoning of Muslims", Aljazeera, June 22, 2019. https://www.aljazeera.com/news/2019/06/fear-sri-lanka-monk-calls-stoning-muslims-190621152817814.html.

宗同源。内战期间，印度政府曾出资支持猛虎组织。①内战结束后，印度又不断敦促斯里兰卡政府解决其国内人道主义灾难问题。同时，美欧等西方国家也参与到斯里兰卡族群矛盾之中。多个国家指责斯里兰卡政府军在内战过程中造成了人道主义灾难。在此背景下，美国宣布削减对斯里兰卡的军事援助；欧盟取消了给予斯里兰卡的超普惠制待遇；2011年，联合国宣称斯里兰卡政府应为多数平民死伤负责；2012年，联合国人权理事会敦促斯里兰卡调查违反人权人员。② 外部因素的影响为斯里兰卡民族矛盾的化解添加了更多不确定性因素。

而外国投资风险也因此而提高。一方面，印度与斯里兰卡泰米尔人有着十分紧密的联系，美国也加强在斯里兰卡的存在，其不可避免地会介入到对斯里兰卡内部事务的干预，而人权等议题也是国际社会高度关注的问题。一旦出于政治目的的需要，大型外资项目就会成为不同势力互相攻击的政治工具，恶化外资项目的舆论环境，甚至使其受到当地民众的抵制。另一方面，外部干预使得斯里兰卡的社会环境及内部势力变得更加复杂，企业在经营过程中的管理成本及经

---

① P. Venkateshwar Rao, "Ethnic Conflict in Sri Lanka: India's Role and Perception", *Asian Survey*, Vol. 28, No. 4, 1988, pp. 419–436.

② 杨思灵：《内战结束后斯里兰卡的僧泰冲突》，《南亚研究季刊》2012年第3期。

营成本均会因此提高，而一旦未能处理好各方关系，也有可能直接造成企业利益的损失，经营风险大幅度提高。

（六）环境保护因素

环境保护规制对企业的影响主要体现在两个方面——环境保护成本和污染治理成本。由于斯里兰卡对环境保护要求较高，相关法律较为健全，因此，环境保护成本是中国项目进行投资时的首要考量因素。由于中国的投资以大型项目居多，一方面，其涉及的生态环境保护问题复杂且牵涉众多。对于道路工程项目，沿途动植物保护、森林及土壤环境维护、土地征收、对沿途居民的影响等均构成环境评价的重要内容。对于港口建设项目，填海造陆的环境影响、海洋生态环境、海岸线维护及海水质量保持等，也都成为项目建设过程中所必需要考虑的问题。另一方面，大型项目往往投资巨大且周期长，若未提前做好生态环境的测评，一旦因环境问题而导致项目叫停，也将造成巨大损失。

在斯里兰卡的环境保护成本主要涉及几个方面。第一，斯里兰卡的环境保护法律及其环境评价过程具有唯一性，在中国投资的经验在斯里兰卡投资过程中往往并不适用，企业管理成本提高。第二，斯里兰卡拥有良好的自然条件及物种资源禀赋，且拥有很强的保护意识。在投资过程中，必须做好相关动植物分布及习性的研究，避开珍稀物种所在区域，设置动物迁徙通道，提高企业投资成本。第三，斯里兰卡是土地私有制国家，在土地及农田征用方面存在很大困难，一旦处理不好，可能直接造成工程延误。[①] 而避开居民聚集区选择人烟稀少的区域进行项目开展，又存在自然环境恶劣、建设成本提高的问题，影响企业投资利润率及回报。

同时，环境保护在很多情况下也成为了实现政治目的的手段与工具。在一些大型项目投资中，环境保护因素已成为项目顺利进行的重要因素。在审批阶段，项目需要进行的复杂环境评估，由于涉及多个部门和多个领域共同协作，更易受到政治和社会安全因素的影响，不同政治力量和社会团体均可以在审批过程中施加影响以阻碍项目顺利通过评估。因此，需要外资企业在保证项目符合斯里兰卡当地环境法律要求的同时，处理较为复杂的利益关系。而在项目执行阶段，环境保护因素也可成为阻碍。以中国在科伦坡港口城的投资为例，多处土地未经过环境审批，是项目被叫停的直接原因，也是当局为实现其政治目的所利用的手段。

---

① 刘道：《国际公路项目环境影响评价特点和体会——以斯里兰卡北部高速公路项目为例》，《公路交通技术》2015 年 2 月第 1 期。

四 中国对斯里兰卡投资的现状与案例分析

中国在斯里兰卡投资项目的安全与风险管理拥有特殊性，在"一带一路"建设的背景下，两国的投资规模与发展已经达到了新的高度。但在项目推进过程中，也存在着风险因素，通过对典型案例的研究和风险识别，可以对中国未来在斯里兰卡的投资情况与趋势拥有基本认识。

（一）中国对斯里兰卡投资的历史与现状

20世纪80年代中期，中国开始在斯里兰卡投资兴办企业。2009年内战结束后，斯里兰卡大力吸引外资进行基础设施建设重建，中国成为主要外资来源国之一。中国在斯里兰卡投资主体以国有企业为主，深入参与了海港、机场、发电站、公路等大型基础设施建设项目。而民营资本的投资则相对分散，除了建筑承包商以外，还有部分技术型企业和与旅游业相关的中餐馆、民宿、旅行社等。

如图4-1所示，2009—2017年，中国对斯里兰卡投资存量上涨了46倍有余。与此同时，中斯之间的政治互信水平也得到了快速提高。2013年，中斯双边关系提升为战略合作伙伴关系。2014年，习近平主席出访斯里兰卡，两国发表《中华人民共和国和斯里兰卡民主社会主义共和国关于深化战略合作伙伴关系的行动计划》，[1] 签署了规模为100亿元人民币的双边货币互换协议，并宣布启动双边自贸区谈判。2017年5月，时任总理维克拉马辛哈率团参加首届"一带一路"国际合作高峰论坛，两国签署《中华人民共和国政府和斯里兰卡民主社会主义共和国政府关于促进投资与经济合作框架协议》。同年6月，中国制定并发布《"一带一路"建设海上合作设想》，斯里兰卡的汉班托塔港就位于中国提出的三条蓝色经济通道中的第一条通道上，对中国的远洋运输补给具有重要作用。[2] 2017

---

[1] 《中斯关于深化战略合作伙伴关系的行动计划》，中国政府网，2014年9月17日，http://www.gov.cn/xinwen/2014-09/17/content_2751595.htm。

[2] 国家发展改革委、国家海洋局：《"一带一路"建设海上合作设想》，2017年6月20日，http://www.soa.gov.cn/xw/hyyw_90/201706/t20170620_56591.html。

年，中国成为斯里兰卡最大外资来源国，占其当年外来投资总额的35%。

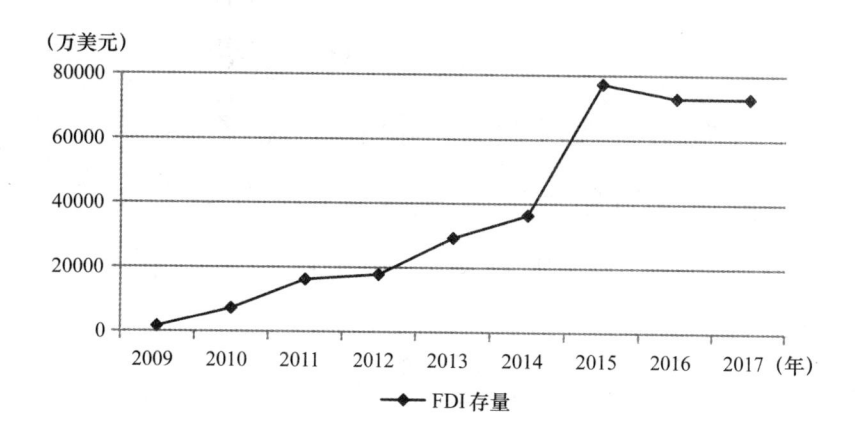

图 4-1 中国对斯里兰卡直接投资存量（2009—2017 年）
资料来源：中华人民共和国商务部、国家统计局、国家外汇管理局：《2017 年度中国对外直接投资统计公报》。

就产业分布而言，中国企业在斯里兰卡以承揽工程承包和设备出口及提供服务为主，少量企业参与了电信服务和纺织行业。同时，在技能培训、肾病、眼角膜资源等项目上也持续发力。总体来看，虽然中国对斯里兰卡的投资由于斯方的"平衡外交"政策经历了波折，但从地缘上和政治上，斯里兰卡对中国都具有重要地位，同时，两国在经济交往上也拥有较为成熟的基础，因此，尽管中国企业在斯里兰卡的投资风险有所上升，但从长期趋势看，投资规模仍将进一步扩大。

（二）中国在斯里兰卡投资案例分析

科伦坡港口城项目和汉班托塔港项目是中国在斯里兰卡投资的代表项目，不仅投资规模巨大，且具有标志性和重要战略意义。在投资过程中，两个项目都经历了一定波折，并引起了国际社会的讨论和关注。因此，选取这两个项目进行案例研究，可以对中国在斯里兰卡的项目投资安全有更直观的了解。

1. 科伦坡港口城项目

科伦坡港口城项目是斯里兰卡"大西部省"战略旗舰项目。作为斯里兰卡最大外商投资项目，2014 年由中国港口工程公司与斯里兰卡国家港务局共同开发建设，整体开发时间约 25 年。斯里兰卡港务局提供海域使用权及负责项目区域外的配套设施建设；中国港湾工程有限责任公司负责投融资及填海造地形成的陆域施工。[①] 项目采用 BOOT 商业模式运营，完成土地一级开发后，中方与斯方按约定分享土地销售和开发收入。建成后，科伦坡港将变身为一个可容纳 25 万人的新城，为近 9 万人提供长期就业岗位；游客来访停留

[①] 彭大鹏、原瑞斌：《为"一带一路"建设提供可持续基础设施》，《国际工程与劳务》2017 年第 9 期。

时间从 1.2 天增长为 2.7 天。

(1) 港口城项目的停摆与重启

2015 年西里塞纳上台对外交政策进行调整，中斯关系降温。3 月 4 日，科伦坡港口城项目被斯里兰卡政府以"缺乏相关审批手续""需重审环境评估"为由单方面叫停，中国驻斯里兰卡大使提出交涉。项目停工造成中方承受每日约 38 万美元的直接经济损失，斯方一千余人失业。2016 年 3 月，经过环境评估及协商，斯里兰卡政府宣布取消对港口城项目暂停决定，恢复建设。8 月，斯里兰卡政府表示，中方已放弃因项目停工对其索赔，双方协商，由斯里兰卡政府另外划拨 2 公顷土地给中国公司作为补偿。[①] 9 月，在重新签署新的三方协议后，项目正式复工。同时，取消之前协议中 20 公顷土地为中方拥有永久产权的约定，将该项目中划归中方使用的土地将全部改为租赁 99 年。[②]

2019 年 1 月 16 日，科伦坡港口城陆域吹填完工仪式举行。[③] 7 月，斯里兰卡议会批准政府提案，将科伦坡港口城纳入首都科伦坡。随着这一提案的批准，科

[①] 余心阳：《中企放弃在斯里兰卡科伦坡港口城项目的停工索赔》，《环球时报》2016 年 8 月 3 日，http://world.huanqiu.com/exclusive/2016-08/9257083.html。

[②] 同上。

[③] 《驻斯里兰卡大使程学源出席科伦坡港口城项目陆域吹填完工仪式》，外交部网站，2019 年 1 月 16 日，https://www.fmprc.gov.cn/web/zwbd_673032/gzhd_673042/t1629936.shtml。

伦坡港口城的土地将由科伦坡分区秘书处负责,① 城市发展局也负有监督职责。②

（2）投资安全主要影响因素识别

在科伦坡港口城项目中，政治生态、环境保护、腐败低效、法律制度和公共安全成为影响项目顺利推进的重要风险因素。

1）政治生态因素

斯里兰卡的国内政治环境变化是造成项目停摆的直接原因。首先，大型项目的"重新审批"是西里塞纳竞选过程中的王牌，因此，对项目的叫停拥有标志性政治意义。项目本身在上马之初，也未在内阁达成一致，一些政府官员持保守态度。在拉贾帕克萨的强力推行下，虽然使得项目得以上马，但透明度欠缺，没有与各界进行充分的对话，引发了斯国内对于存在"腐败"和"暗箱操作"行为的怀疑，在政府内部及民众心中积压了不满，加之中国在斯里兰卡影响力的增强和斯里兰卡外交政策的调整，对两国的政治互信水平造成了消极影响。出于政治目的和考量，中国项

---

① "Sri Lanka's Parliament approves mega Port City as part of island country's capital", MENAFN, July 28, 2019, https：//menafn.com/1098815644/Sri-Lankas-Parliament-approves-mega-Port-City-as-part-of-island-countrys-capital.

② "Parliament Plans to Declare Port City Part of Colombo District", Dredging Today, July 17, 2019, https：//www.dredgingtoday.com/2019/07/17/parliament-plans-to-declare-port-city-part-of-colombo-district/.

目受到波及，对中企造成了较大损失。

其次，国际社会环境的影响提高了港口城项目的国际政治风险。西里塞纳在上台之初为体现其外交政策的转变，通过叫停港口城项目疏远中国，示好印度及西方国家。同时，斯里兰卡的重要地缘战略价值也使印度等相关国家对中国的存在较为敏感，对西里塞纳的示好行为表示了认可，并通过夸张、抹黑中国项目，占据国际舆论主导地位，恶化中国项目在当地的舆论环境，对项目的正常运行造成直接影响。

而项目得以重启，在很大程度上则得益于政治互信的重新建立。项目叫停后，中方采取各种措施改善中国在斯里兰卡的形象，同时重新调整对斯里兰卡公共外交。加大与斯里兰卡在公共卫生方面的合作，并在波隆纳鲁瓦地区援建肾病医院。这一做法取得了一定成效。同时，中国企业也寻求了法律救济。对于停工损失，企业提出总计 1.4 亿美元的赔偿要求，虽然最终经过双方调解放弃了索赔要求，但在释放了善意的同时，也彰显了自己的态度和底气。

2）环境保护因素

"环评问题"是科伦坡港口城项目被叫停的关键因素。虽然这一因素在一定程度上成了斯里兰卡政府为实现其政治目的的工具，但在项目建设过程中，比计划多出 39 万平方米的土地未进行环境影响评价，也为项目叫停的结果提供了"口实"。

大型项目在建设过程中的环境保护问题是项目顺利运行的重要影响因素，斯里兰卡对于环境保护问题的重视，更放大了这一要素的作用。项目叫停后的时隔一年，斯里兰卡中央环境局通过了"增补环评报告"。而中国港湾港口城市科伦坡有限公司，也更加注重在相关环境问题上的风险管理，采取了更加积极的态度。公司主动实施了一项涉及26个政府机构的环境监测计划，以缓解和预防任何受监测的对环境的不利影响。施工作业的谨慎和科伦坡地方当局的监督，在很大程度上打消了附近居民对大型项目可能造成环境破坏的顾虑。

3）腐败低效因素

对于中国的投资项目来说，一些企业在对外投资中仍然习惯使用一些不透明的程序和流程，项目选择的"政治化"成为中国投资的重要特征之一，这也使得中国在包括科伦坡港口城等大型项目中受到了来自斯里兰卡国内和国际舆论的诟病。

2015年大选期间，中国项目成为西里塞纳攻击拉贾帕克萨个人集权、家族贪污腐败的"工具"，一些斯里兰卡民众将中国视为专制腐败政府的"帮凶"。而科伦坡港口城项目因其巨大体量，更是成为被主要批评的对象。西方媒体甚至指责中国通过港口城项目，试图控制斯里兰卡的总统选举结果。对项目造成了极大负面印象,也导致了斯里兰卡国内对中国投资项目的怀疑和抵制。

4) 法律制度因素

在科伦坡港口城项目中,尽管中国与斯方按照斯里兰卡的法律规定签订了合作协议,并经过了斯里兰卡政府的批准,但仍受到其政治目的的制约而被迫叫停。法律的有效执行受到政治影响,司法独立不能完全实现,直接造成了中国企业的利益损失。同时,在项目执行过程中也存在程序风险。斯里兰卡投资委员会副主席曾表示,中国港湾公司应与斯里兰卡港务局签订合同,而不是通过投资委员会进行投资。而中方相关负责人则表示,斯里兰卡港口工务部代表政府与中方企业签约,所有协议及手续都由斯方负责完成,[①]因此中方不存在程序上的缺失。由于各国在相关审批及执行程序上存在很大区别,在许多发展中国家也存在着由于政策环境的不成熟而出现的"被动"违法情况,这也造成了项目在投资过程中的安全问题。

5) 公共安全因素

斯里兰卡社会舆论在项目停摆过程中起到了重要

---

① 赵江林、周亚敏、谢来辉:《一带一路面临的国际风险和合作空间拓展——以斯里兰卡为例》,中国社会科学出版社2016年版,第16—17页。

作用。中国被当作贪腐政府的"帮凶",众多大型项目受到质疑与冲击。虽然中国公司进行了宣传和反击,但项目的透明公开力度不够使得反击效果大打折扣,同时由于缺乏经验,中国公司也低估了相关政治势力在将问题政治化过程中展现出的能量。

而在斯里兰卡的复杂社会矛盾背景下,中国项目已然成为各方利益团体所利用的工具。在2014年总统大选和2015年议会大选中,科伦坡港对潜在环境的破坏成为反对派的重要政治议题。2018年3月,康提佛教徒和穆斯林爆发冲突,反对派同时提出,要求科伦坡港口城项目停工,重新审议项目。[①] 各方都在利用这一项目以扩大自己的声势和谈判筹码。

港口城项目恢复后,斯里兰卡政府与中国政府就项目建设签署了法律协议,中国交建与斯里兰卡城市发展局也签订了相关协议,以保护中资企业的合法投资。2018年4月,斯方批复了港口城控制性发展规划,开发商在港口城内所有的开发建设行为都须符合这一规划,也为项目的顺利运行提供了保障。

2. 汉班托塔港建设

汉班托塔港项目由斯方牵头兴建,在经过两次可

---

① 苑基荣:《斯里兰卡宣布国家进入为期十天的紧急状态》,人民网,2018 年 3 月 6 日,http://world.people.com.cn/n1/2018/0306/c1002-29851739.html。

行性评估后，斯里兰卡先后向印度及多边开发银行提出融资需求均遭拒绝，转而寻求与中国合作。经过多次谈判协商后，中国进出口银行同意向汉班托塔港第一阶段建设提供85%的费用。这笔3.06亿美元的商业贷款期限为15年，利率6.3%，宽限期为四年。而后中国进出口银行又向第二阶段建设工程提供了9亿美元的贷款，并提供了利率为2%的优惠贷款利率。① 汉班托塔港旨在被发展为附带工业区的综合性枢纽港。2010年11月18日，由中国港湾工程有限责任公司和中国水利水电建设集团合作完成的港口第一阶段工程开始运行。

（1）中斯签署协议解决斯里兰卡债务问题

由于斯里兰卡对于港口管理不善，港口盈利不足以支付贷款偿还，截至2016年底，亏损额总计达3.04亿美元，斯里兰卡向中方提出以"债转股"的方式将汉班托塔港交给中方的请求。经过考量及协商，2016年12月，斯里兰卡政府与中国招商局集团签订框架协议，以双方合资的方式协助斯方解决债务问题，汉港由中国招商局集团负责运营管理。② 2017年7月，斯里

---

① Koh King Kee：《斯里兰卡汉班托塔港问题的真相》，《北京周报》2018年9月29日。
② 《斯里兰卡将汉班托塔港经营权移交中国》，央视新闻，2017年12月9日，http://m.news.cctv.com/2017/12/09/ARTINuzjNkQC7JNUYBaNvAN4171209.shtml。

兰卡政府及港务局与中国招商局港口控股有限公司就发展、管理及经营汉班托塔港为期99年的特许经营协议达成一致。招商局港口同意向汉班托塔港港口及海运相关业务投资最多11.2亿美元。需要说明的是，中国和斯里兰卡最终签署的PPP协议并非斯方最初提出的债转股协议，而是以招商局在斯里兰卡汉班托塔港新增一笔价值11.2亿美元投资的形式，将斯里兰卡港务局修建汉班托塔港的贷款转移给斯里兰卡财政部。[①]

2017年12月9日，中斯汉班托塔港合作项目正式启动，并在科伦坡举行仪式。新成立的汉班托塔国际港口集团有限公司和汉班托塔国际港口服务有限责任公司，由招商局港口及斯里兰卡港务局合资成立，分别负责汉港的商业管理运营和行政管理运营。招商局港口分别占股85%和49.3%，斯里兰卡港务局分别占股15%和50.7%，中资在两家合资公司的总占股比例70%，这一占股比例将在10年后逐步调整，并最终调整为各占50%。[②]

（2）中国陷入国际舆论指责

自中国投资汉班托塔港起，就一直有英国及印度

[①] Koh King Kee：《斯里兰卡汉班托塔港问题的真相》，《北京周报》2018年9月29日。

[②] 朱瑞卿、唐璐：《中国与斯里兰卡正式签署汉班托塔港特许经营协议》，新华网，2017年7月29日，http://www.xinhuanet.com/world/2017-07/29/c_1121400496.htm。

媒体报道中国意图在印度洋修建军港。2017年7月，印度官员曾要求斯里兰卡政府明确禁止中国军方对港口的使用。其后，斯里兰卡发布官方声明，表示合作协议明确排除了将港口用于军事用途的可能性。斯里兰卡海军也进行了罕见的军事调动，将海军基地迁至中国建设的汉班托塔港，以回应国际社会的质疑和担心。然而，仍然有质疑声音认为，斯里兰卡政府之后仍可能会迫于债务压力而允许中国军舰停靠。

2018年7月，有美国媒体不顾事实，指责中方对汉班托塔港的投资有军事意图，并以"债务陷阱"让斯里兰卡将汉班托塔港拱手相让。一份由哈佛大学为美国国务院准备的独立报告也称，中国向亚太地区一些国家提供"战略贷款"，并利用债务违约来交换想要的战略资源，而斯里兰卡政府就因此而"被迫"将汉班托塔港割让给中国。对此，中国方面强调，中斯双方是按照商业原则开展的合作。关于贷款利率，斯里兰卡政府有两种选择：6.3%的固定利率或与伦敦同业银行拆借利率挂钩的浮动利率，后者高于5%并有进一步上升的趋势。因此，与中国合作是当时斯方的最优选择。① 而面对斯方的融资缺口，中国金融机构又根据斯方需求，对相关资产配置进行了重新调整。因此，

---

① Koh King Kee：《斯里兰卡汉班托塔港问题的真相》，《北京周报》2018年9月29日。

不存在"债务陷阱"之说。尽管中国给出了明确和具有说服力的解释,但国际舆论仍然对中国大肆抹黑,不仅引起了斯里兰卡国内民众对于项目的抵制情绪,也影响了"一带一路"建设在其他国家的投资。

(3) **主要影响因素识别与管理**

在汉班托塔港项目中,政治生态、外债和社会公共安全成为影响项目顺利推进的重要风险因素。

1) 政治生态因素

从斯里兰卡国内政治环境来看,政府内部对项目一直存在着质疑与争论。早在时任总统拉贾帕克萨提出这一项目时,就有官员对建设第二个主要港口是否明智提出过质疑。项目开启后,这种质疑声并未消失。这也导致了项目的社会与舆论基础较薄弱。而该港口陷入困境时依然不断上升的债务和项目成本更成为反对派的把柄,大肆宣传对中国的怀疑,以攻击执政政府。2018年9月5日,数万名抗议者在反对派的带领下,抗议政府违背民意"出售"国家资产。在这一复杂的国内政治背景下,中国在参与项目的过程中会面临更多来自斯里兰卡内部的压力和指责。

而从国际政治环境来看,斯里兰卡的重要地缘政治价值越来越受到重视,因此国际舆论的指责成为各方势力角逐的表现形式,拥有大规模基础设施的中国则成为"众矢之的"。中国在斯里兰卡的投资初衷固然重要，但国际社会的看法同样不可轻视。"一带一路"项目必须公开透明，在汉港项目开发的过程中，就有声音指责在港口建设中存在腐败行为；在承包方的选择上，中国也被质疑利用贷款要求斯方选择中国公司承建项目。

显然，各国对于中国在汉班托塔港的建设存在担忧，一方面，通过加大在亭可马里港的投资平衡中国影响力，另一方面则加大自己在汉班托塔港的存在，以"监视"中国。这使中国项目在建设过程中受到更多的制约，同时，也面临着更不利的国际和国内舆论环境，为项目推进带来十分消极的影响。

2) 外债因素

斯里兰卡的债务问题已经成为影响其经济发展的重要因素，这意味着，首先，中国作为斯里兰卡的债权国和投资国，资金和项目安全可能遭受风险。受国内政治环境动荡影响，2018年12月，两家国际信用评级机构将其的信用评级下调了一个等级，这进一步降低了斯里兰卡获得国际融资的可能性。在这种情况下，斯方将进一步寻求中国资金的支持。而若进一步提高在斯里兰卡的投资规模，中国将面临更高的投资风险。

其次，汉港项目使得斯里兰卡国内将"外债焦虑"投射于中国，恶化中国的投资环境。针对汉班托塔港的大规模抗议活动即可说明这一点。投射外债焦虑可以在一定程度上掩盖斯里兰卡政府在经济改革措施上的不力，将中国项目作为其借口和"牺牲品"，满足其政治需要。但这一做法，也加深了斯里兰卡民众对中国投资模式的疑虑，引发民众对双方合作平等性、互利性的质疑，动摇双方的合作基础和互信。

3) 社会公共安全因素

受到国际舆论环境和国内反对派质疑的影响，斯里兰卡国内对中国与斯方签署的协议抱有较大的怀疑和不满。工人，尤其是工会在抗议活动中起到重要作用。2016年框架协议签署期间，就曾出现当地抗议群众通过劫持外国商船表达诉求，因斯里兰卡海军的介入，局面才得以控制。[1] 2017年1月，港口工会要求政府重新讨论相关协议，并降低中方股权份额及土地租约期限。数百名工人上街示威，并与警察发生冲突。2017年7月，锡兰港口联合工会与锡兰石油公司工会组织联合罢工，西里塞纳迫于压力同意讨论修改汉港协议。[2] 2018年1月，438名失业港口工人绝食抗议，造成18名员工住院。[3] 这对中国投资甚至"一带一

---

[1] Rasika Jayakody, "Woes of Hambanthota Continue", *Daily News*, December 14, 2016, http://www.dailynews.lk/2016/12/14/features/101857.

[2] Thamali Indika, "Port workers call off strike", *Daily News*, July 27, 2017, http://www.dailynews.lk/2017/07/27/local/123383/port-workers-call-strike.

[3] Keshala Dias, "Strike by Hambantota port employees over 'lost jobs' called off", *the News First*, January 19, 2018, https://www.newsfirst.lk/2018/01/19/strike-hambantota-port-employees-lost-jobs-called-off/.

路"建设都带来极大负面影响。加上中国项目普遍缺乏透明性，中企议题设置和舆论引导能力较弱，因此，在受到质疑时，很难发出自己的声音。虽然中国官方进行了屡次澄清，但并未获得国际社会和斯里兰卡国内的认可，这也为中国提出了对项目管理方式和风险应对机制进行改进的要求。

同时，在已经发生的针对汉港项目的抗议示威活动中，不乏当地僧侣的身影。2018年9月，数万名抗议者在科伦坡示威，抗议政府出卖港口。部分僧侣因担心农民丧失土地，影响其生活方式，推动抗议活动。[①] 当地一家寺庙的住持甚至公开表示，"不管是谁，只要他们来这里投资，我们就会抗议"[②]。由于佛教在斯里兰卡的特殊地位，宗教人士参与的抗议活动会带来极大影响力和凝聚力。而随着斯里兰卡国内族群矛盾、宗教矛盾的激化，斯里兰卡国内佛教民族主义逐渐兴起，中国项目很有可能成为其新的情绪宣泄的突破口。

另外，非政府组织的影响也是应注意的部分，一

---

① 王腾飞：《斯里兰卡国内关于汉班托塔港运营协议的争议及启示》，《印度洋经济体研究》2018年第4期。

② Meera Srinivasan, "A Port Town's Story of Myopic Vision and Fading Development", The Hindu, November 12, 2017, https：//www.thehindu.com/news/international/a-port-towns-story-of-myopic-vision-and-fading-development/article20353931.ece.

些位于斯里兰卡的非政府组织，由于受到西方国家的直接资助，更多发出对中国不利的声音，特别是环保问题、就业问题、资源问题等，极易引起当地民众的共鸣。在几次针对中国汉班托塔港项目的罢工活动中，也不乏部分非政府组织的影响。

五　中国对斯里兰卡投资的安全问题与前景

在社会层面上对投资安全的考量，不仅综合考虑了自然因素、国外因素以及其他广义的社会因素，还包含了对中国在斯里兰卡面对的特殊投资风险的考量，为未来风险识别和管理提供了更有效的视角。

政治、经济、法律、社会文化和生态卫生五个维度构成了影响投资风险的社会安全要素，结合斯里兰卡的实际发展情况，腐败低效、政治生态、外债、法律制度、公共安全和环境保护是影响外资企业现阶段在斯里兰卡投资安全的主要因素。中国在斯里兰卡的投资以大型基础设施建设项目为主，经过典型案例分析，其风险表现也存在一定特殊性。概括说来，主要包括以下几个方面：

第一，国内政治环境不稳，政府低效及腐败影响企业正常运行。不论是斯里兰卡的政治拉锯战，还是党派之间矛盾的尖锐化，都使得相关项目的审批搁置、政府运行效率大打折扣。而伴随着权力过渡与各方势力的角逐，这一动荡环境仍将持续，为中国在企业具体项目的执行过程中带来管理风险。不可否认的是，中国一些企业在对外投资过程中使用了不透明的方式推进项目进展，然而此类活动的开展对中国终将是一个拖累，并提高了盈利的门槛。项目的推进一旦出现问题，中国自身的商业利益和全球声誉也会因此受损。[①]

第二，斯里兰卡外交重回"平衡外交"政策，中国投资环境的不确定性增加。斯里兰卡通过疏离中国，与印度、日本、美国等国家加强交往实现自身利益的最大化。虽然在政治问题上从一定程度得到了印度及西方国家的认可，但由于大量资金的需要，斯里兰卡在经济上摆脱对中国"依赖"的尝试并不成功。特别是在恐怖袭击案的冲击下，斯里兰卡需要继续寻求中国资金的支持，以推动其经济的恢复，而若进一步提高在斯里兰卡的投资规模，中国面临的风险管控难度将显著提升。

第三，斯里兰卡债务问题显著，中国投资环境脆

[①] 陈懋修、阿纳尔卡利·佩雷拉：《不可持续的中国基建交易并非一方之过》，清华－卡内基全球政策中心，https://carnegietsinghua.org/2019/08/19/zh-pub-79681。

弱。债务存量与成本均保持在高位，而贸易活动减少、保护主义抬头和政府收入下降等结构性经济劣势，也直接影响了该国的还债能力。作为斯里兰卡的债务持有人和投资者，斯里兰卡经济增长的乏力会造成中国资金的潜在损失。同时，由于中国在斯里兰卡的项目有很大一部分是体量大、建设周期长、收益慢的基础设施项目，斯里兰卡国内有相当一部分人将"外债焦虑"投射于中国，国内民意对中国投资较为排斥，加上西方媒体对中方"债务陷阱"的渲染，中国项目的投资环境更加脆弱。

第四，法律执行受到政治因素影响，影响中国项目的正常权益。尽管斯里兰卡拥有较为完善的法律体系和积极的投资鼓励政策，能否有效执行却取决于其政治体系的稳定性和政策取向。司法系统不能实现完全独立，使得中国与斯方签订的合作协议的执行无法得到保障，中国项目投资的安全性因此而受到影响。再加上斯里兰卡政策取向的个人特征明显，更加剧了投资环境及企业经营的不确定性。

第五，中国项目舆论环境恶化，社会稳定及劳动力风险提升。中国的基础设施项目，因开发时间长、体量大、影响力大，都会成为各方政治势力用来攻击对方、获取民心的重要政治议题，这令中国项目在斯里兰卡当地的舆论环境受到极大负面作用，使得相关项目遭到当地居民及工人的反对，以公会组织、联合罢工的形式损害中国企业的利益，提高企业管理风险。

第六，社会矛盾对公共安全局势存在潜在威胁，对中国的应对方式提出更高要求。僧泰矛盾是威胁斯里兰卡社会安全的潜在矛盾，并且在短期内无法走向真正和解。而恐怖袭击的发生，使得一直处于次要矛盾地位的穆斯林群体与其他族群的冲突，逐渐向主要矛盾转化。加剧了斯里兰卡社会公共安全形势的复杂化。而一旦社会安全形势发生变化，将对中国项目的落地、实施和运行带来直接的影响。另外，佛教在斯里兰卡拥有较大影响力，部分佛教人士对中国项目的反对会在民众中颇具号召力，并引发极大不满，这对项目投资产生的负面影响难以估量。

第七，环境保护风险将在中国对斯里兰卡的投资中占据越来越重要的地位。按照传统投资观念，虽然在项目投资中，中国企业通常会根据东道国要求进行必要的环评程序，但并未将其作为重要考量因素。然而，中国在斯里兰卡投资以大型基础设施项目居多，牵涉的生态环境问题极为复杂。同时，斯里兰卡对其自然环境的保护要求较高，项目环评通常需要涉及多个部门的共同协作，一旦未得到妥善处理，不仅会在时间上影响工程建设效率，也会使得项目面临被叫停的风险。

中国的"一带一路"建设不仅是中国在外交战略上的调整，也是一次资产配置和产业转移的过程。① 与中国的合作不仅能使斯里兰卡获得资金，发展国内基础设施，也能使其拓宽在全球范围内的全产业链合作。而地区相关国家，也会搭中国对斯里兰卡的港口投资"便车"，在贸易与货物中转、后勤补给与休整、人道主义与灾害援助、打击海盗与走私等各个方面获得经营、运输、效率、安全等全方位的提升，享受中国投资的外溢效应。②

印度在斯里兰卡重建和经济援助问题上心有余而力不足，与日本和美国的靠近虽然在一定程度上获得了国际社会在政治上的认可，但其所提供的经济效益还不足以成为中国的替代品。斯里兰卡仍需要大量来自中国的投资以推动其经济的发展和社会的繁荣。因此，笔者对中国未来在斯里兰卡投资前景持乐观态度。但需要看到的是，目前的投资实践存在应对风险能力差、舆论引导和议程设置能力较弱、缺乏有效应急机制等多个问题。未来，中国在斯里兰卡的投资规模将会进一步扩大，对风险应对和管理能力也提出了更高的要求。

---

① 许勤华：《中国全球能源战略：从能源实力到能源权力》，《人民论坛·学术前沿》2017年第5期。
② 文少彪：《新时期中国参与斯里兰卡港口建设探析》，《当代世界》2018年第5期。

附录　斯里兰卡综合国别数据库(节选)

板块	具体内容	资料
基本情况	人口数量	2018年人口总量：2167万 2014—2018年的人口增长率 2014年：0.933%　2015年：0.920%　2016年：1.105%　2017年：1.130%　2018年：1.050% 资料来源：World Bank stats。
经济概况	GDP	斯里兰卡2014—2018年GDP及年增长率 GDP（亿美元）：2014年 793.59；2015年 805.55；2016年 817.88；2017年 880.13；2018年 889.01 GDP年增长率：2014年 4.96%；2015年 5.01%；2016年 4.49%；2017年 3.42%；2018年 3.21% 资料来源：World Bank stats。

续表

板块	具体内容	资料
经济概况	对外贸易	2014—2018年进出口贸易总额（单位：百万美元） 	年份	2014	2015	2016	2017	2018
---	---	---	---	---	---
总出口额	11130	10546	10310	11360	11890
总进口额	19417	18935	19183	20980	22233
贸易逆差	8287	8388	8873	9620	10343	 资料来源：斯里兰卡财政部。
经济概况	FDI	2014—2018年斯里兰卡FDI投资存量与流量 投资存量（FDI Stock）（单位：百万美元） 	2014年	2015年	2016年	2017年	2018年
---	---	---	---	---
10572	10022	9845	10755	12757 | 投资流量（FDI Flow）（单位：百万美元） | 2014年	2015年	2016年	2017年	2018年
---	---	---	---	---
1635	1160	1078	1839	2068	 资料来源：UNCTAD Stat.，斯里兰卡财政部。
社会文化	宗教	70.2%信奉佛教，12.6%信奉印度教，9.7%信奉伊斯兰教，7.4%信奉天主教和基督教
社会文化	民族	僧加罗族占74.9%，泰米尔族占15.4%，摩尔族占9.2%，其他民族占0.5%

参考文献

一　中文文献

（一）著作及报告

曹兴：《僧泰冲突与南亚地缘政治 世界民族热点研究和最长民族纠纷》，民族出版社2003年版。

陈波：《南亚投资法律风险与典型案例》，中国法制出版社2015年版。

国家税务总局：《中国居民赴斯里兰卡投资税收指南》2018年版。

商务部国际贸易经济合作研究院、中国驻斯里兰卡大使馆经济商务参赞处、商务部对外投资和经济合作司：《对外投资合作国别（地区）指南——斯里兰卡（2017年版）》，2017年。

张晓涛：《中国与"一带一路"沿线国家经贸合作国别报告（东南亚与南亚篇）》，经济科学出版社2017年版。

赵江林、周亚敏、谢来辉：《一带一路面临的国际风险与合作空间拓展——以斯里兰卡为例》，中国社会科学出版社 2016 年版。

中国商务部：《中国对外投资合作发展报告 2017》，2017 年。

中华人民共和国商务部、国家统计局、国家外汇管理局：《2017 年度中国对外直接投资统计公报》，2017 年。

（二）文章（期刊、报纸、会议论文等）

包群、陈媛媛：《外商投资、污染产业转移与东道国环境质量》，《产业经济研究》2012 年第 6 期。

杜敏、李泉：《斯里兰卡西里塞纳政府的政治形势与前景探析》，《学术探索》2016 年 12 月。

韩露：《中国—斯里兰卡经贸合作：现状与前景》，《国际经济合作》2017 年第 3 期。

Koh King Kee：《斯里兰卡汉班托塔港问题的真相》，《北京周报》2018 年 9 月 29 日。

李好：《对斯里兰卡直接投资：机会与风险分析》，《对外经贸实务》2011 年第 9 期。

李捷、曹伟：《斯里兰卡内战结束以来印度对斯政策分析》，《南亚研究》2013 年第 4 期。

李捷、王露：《联盟或平衡：斯里兰卡对大国外交政策评析》，《南亚研究》2016 年第 3 期。

刘馗：《国际公路项目环境影响评价特点和体会——以斯里兰卡北部高速公路项目为例》，《公路交通技术》2015年2月第1期。

刘跃进：《国家安全体系中的社会安全问题》，《中央社会主义学院学报》2012年4月第2期。

马嬿：《冷战后印度南亚政策的变化》，《当代亚太》2004年第5期。

宁胜男：《斯里兰卡外债问题现状、实质与影响》，《印度洋经济体研究》2018年第4期。

庞华晓、陈伟雄：《我国企业对斯里兰卡直接投资分析》，《合作经济与科技》2018年第8期。

彭大鹏、原瑞斌：《为"一带一路"建设提供可持续基础设施》，《国际工程与劳务》2017年第9期。

唐鹏琪：《斯里兰卡汉班托塔港股权转让的背景、目的及其意义》，《南亚研究季刊》2017年第3期。

王腾飞：《斯里兰卡国内关于汉班托塔港运营协议的争议及启示》，《印度洋经济体研究》2018年第4期。

文少彪：《新时期中国参与斯里兰卡港口建设探析》，《当代世界》2018年第5期。

吴白乙、史沛然：《社会安全与贸易投资环境：现有研究与新可能性》，《国际经济评论》2015年第3期。

许勤华：《中国全球能源战略：从能源实力到能源权力》，《人民论坛·学术前沿》2017年第5期。

许勤华、蔡林、刘旭：《"一带一路"能源投资政治风险评估》，《国际石油经济》2017年第4期。

杨思灵：《内战结束后斯里兰卡的僧泰冲突》，《南亚研究季刊》2012年第3期。

张敦伟：《族群冲突的第三方：斯里兰卡的穆斯林问题》，《亚非研究》2017年第一辑。

张敦伟：《族群对抗国家的政治困境：内战之后的斯里兰卡》，《国际关系研究》2015年第6期。

张敦伟：《族群政治中的宗教对抗：斯里兰卡的佛教国家化与国家意识形态》，《南亚研究季刊》2016年第1期。

张振：《斯里兰卡职业教育系统的现实挑战与发展趋势——基于劳动力供求的分析》，《职教论坛》2018年第10期。

中国信保：《斯里兰卡投资与经贸风险分析报告》，《国际融资》2013年9月。

［斯］迈克尔·罗伯茨：《斯里兰卡的民族问题：和解的障碍》，刘兴武译，《民族译丛》1981年第3期。

二 英文文献

（一）著作及报告

Annual Report 2017, Ministry of Finance, Sri Lanka, 2017.

Annual Report 2018, Ministry of Finance, Sri Lanka, 2018.

"Asia Report", *Sri Lanka: Jumpstarting the Reform Process*, International Crisis Group, 2016.

Colombo Ministry of Finance and Planning, *Sri Lanka the Emerging Wonder of Asia-unstoppable Sri Lanka 2020 Mahinda Chinthana-vision for the Future-public Investment Strategy 2014 – 2016*, 2013.

Constitution of the Democratic Socialist Republic of Sri Lanka with Amendments incorporated up to the 19th Amendment, 2015.

DeVotta Neil, "Linguistic Nationalism", *Institutional Decay, and Ethnic Conflict in Sri Lanka*, Stanford (California): Stanford University Press, 2004.

Hofstede, Geert, Gert Jan Hofstede and Michael Minkov, *Cultures and Organizations: Software of the Mind*, New York: Mcgraw-hill, 2005.

Jordan, Smith Daniel, *A Culture of Corruption: Everyday Deception and Popular Disconent in Nigeria*, Princeton and Oxford: Princeton University Press, 2008.

Kolstad, Ivar and Line Tøndel, "Social Development and Foreign Direct Investments in Developing Countries", *Development Studies and Human Rights*, Chr. Michelcen

Institute, Report R 2002: 11.

Rasak, A. M. and H. M. N. Mansoor (eds), *Oluvil Declaration: The National Upheaval and Political Declaration to Ensure the Political Aspirations of North East Muslims*, Athirvu, student council, South Eastern University, 2003.

Rudra, N., *Globalization and the Race to the Bottom in Developing Countries: Who Really Gets Hurt?* Cambridge: Cambridge University Press, 2008.

"Series: Mahinda chinthana vision for the future", *Sri Lanka the Emerging Wonder of Asia-unstoppable Sri Lanka 2020 Mahinda Chinthana-vision for the Future-public Investment Strategy 2014 – 2016*, Colombo Ministry of Finance and Planning, 2013.

Transparency International, *Corruption Perceptions Index 2018*, 2018.

World Economic Forum, *The Global Competitiveness Report 2016 – 2017*, 2016.

(二) 文章 (期刊、报纸、会议论文等)

Ackerman, S. Rose, "The political economy of corruption-causes and consequences", *World Bank Document*, 1996.

Alesina, Albertaand Guido Tabellini, "External debt, capital flight and political risk", *NBER Working Paper Series*, Working Paper No. 2610, 1988.

Aliff, S. M., "Provincial council and eastern province muslims of Sri Lanka", *South Asian Studies*, Vol. 25, No. 2, 2010, p. 199.

Athukorala, Prema-chandra, "Sri Lanka's post-civil war development challenge: learning from the past", *Contemporary South Asia*, Vol. 24, No. 1, 2016, pp. 19 – 35.

Bhalla, B., "How corporations should weigh up country risk", *Euromoney*, No. 6, 1983, pp. 66 – 72.

Björkman, I. and Y. Lu., "Institutionalization and bargaining power explanations of HRM practices in international joint ventures-The case of Chinese-Western joint ventures", *Organization Studies*, Vol. 22, No. 3, 2001, pp. 491 – 512.

Boženko Đevoic, "Sri Lanka: physical reconstruction and economic development as conflict prevention factor", *CIRR XIX*, No. 69, 2013, pp. 55 – 75.

Busse, M. and C. Hefeker, "Political risk, institutions and foreign direct investment", *HWWA Discussion Paper*, No. 315, 2005.

Cooke, William N., "The effects of labour costs and workplace constraints on foreign direct investment among highly industrialized countries", *International Journal of Human Resource Management*, Vol. 12, No. 5, 2001, pp. 697 – 716.

Cooke, William N., "The influence of industrial relations factors on US foreign direct investment abroad", *Industrial and Labor Relations Review*, Vol. 51, No. 1, 1997, pp. 3 – 17.

Copeland, B. and S. Taylor, "North-South trade and the environment", *The Quarterly Journal of Economics*, Vol. 109, No. 3, 1994, pp. 755 – 787.

Cristina, P. O., "Is taxation affecting the attractiveness of Central and Eastern Europe countries for FDI", Annals of "Constantin Brancusi" University of Targu Jiu, *Economic Series*, No. 1, 2012.

Cui, L. and F. Jiang, "Ownership decisions in Chinese outward FDI: An integrated research framework and research agenda", *Asian Business & Management*, Vol. 8, No. 3, 2009, pp. 301 – 324.

Deane, G. D., "Cross-national comparison of homicide: Age/sex-adjusted rates using the 1980 US homicide experience as a standard", *Journal of Quantitative Criminology*, Vol. 3, No. 3, 1987, pp. 215 – 227.

Gassebner, M. and Pierre-Guillaume Méon, "Where do creditor rights matter? Creditor rights, political constraints and cross-border mergers and acquisitions activity", *Zurich: CEB Working Paper*, 10/09, 2010.

Habib, Mohsin and Leon Zurawicki, "Corruption and foreign direct investment", *Journal of International Business Studies*, Vol. 33, No. 2, 2002, pp. 291 – 307.

Helmy, H. E., "The impact of corruption on FDI: Is MENA an exception?" *International Review of Applied Economics*, Vol. 27, No. 4, 2013, pp. 491 – 514.

Hirschi, Travis and Michael Gottfreddson, "Age and the explanation of crime", *The American Journal of Sociology*, Vol. 89, No. 3, 1998, pp. 552 – 584.

Houston, D., "Can corruption ever improve the economy?" *Cato Journal*, Vol. 27, No. 3, 2007, pp. 325 – 342.

Jarvis, Darryl and Martin Griffiths, "Learning to fly: the evolution of political risk analysis", *Global Society*, Vol. 21, No. 1, 2007, pp. 5 – 21.

Jayasuryia, D., "Improvements in the World Bank's ease of doing business rankings. Do they translate into Greater Foreign Direct Investment Inflows?" *Policy Research Working Paper*, No. 5787, World Bank, 2011.

Jensen, N. M., "Democratic governance and multinational

corporations: Political regimes and inflows of foreign direct investment", *International Organization*, Vol. 57, No. 3, 2003, pp. 587 – 616.

Jensen, N. M., "Political risk, democratic institutions, and foreign direct investment", *The Journal of Politics*, Vol. 70, No. 4, 2008, pp. 1040 – 1052.

Kang, Yuanfei, and Fuming Jiang, "FDI location choice of Chinese multinationals in East and Southeast Asia: Traditional economic factors and institutional perspective", *Journal of World Business*, Vol. 47, No. 1, 2012, pp. 45 – 53.

Kaul, Ravi, "The Indian Ocean: A strategic posture for India", in T. T. Pculose ed. , *India Ocean Power Rivalry*, New Delhi: Young Asia Publications, 1974, p. 66.

Kozłowska, Magdalena, "Problems connected with measuring risks of foreign direct investments", *Journal of Economics and Management*, Vol. 20, No. 2, 2015, pp. 93 – 105.

Laura, Alfaro, Sebnem Kalemli-Ozcan and Vadym Volosovych, "Why doesn't capital flow from rich to poor countries? An empirical investigation", *The Review of Economics and Statistics*, Vol. 90, No. 2, 2008, pp. 347 – 368.

Leys, C. , "What is the problem about corruption?" *Journal of Modern African Studies, Vol. 3, No. 2, 1965, pp. 215 – 230.

Li, Q. and A. Resnick, "Reversal of fortunes: Democratic institutions and foreign direct investment inflows to developing countries", *International Organization*, Vol. 57, No. 1, 2003, pp. 175 – 211.

Li, Q. and Tatiana Vashchilko, "Dyadic military conflict, security alliances, and bilateral FDI flows", *Journal of International Business Studies*, Vol. 41, 2010, pp. 765 – 782.

McGowan, Jr. C. B. and Susan E. Moeller, "A model for making foreign direct investment decisions using real variables for political and economic risk analysis", *Managing Global Transitions*, Vol. 7, No. 1, 2009, pp. 27 – 44.

Muhammad, T. M. and A. Eatzaz, "Human capital development and FDI in developing countries", Quaid-i-Azam University, *MPRA Paper*, No. 57514, 2014.

OECD, "The influence of policies on trade and foreign direct investment", *OECD Economic Studies*, No. 36, 2003, pp. 8 – 87.

Peng, M. W., D. Y. L. Wang and Y. Jiang, "An institution-based view of international business strategy: A focus on emerging economies", *Journal of International Business Studies*, Vol. 39, No. 5, 2008, pp. 920 – 936.

Porter, M. E. and Van der Linde C., "Toward a new conception of the environment-competitiveness relationship", *The Journal of Economic Perspectives*, No. 9, 1995, pp. 97 – 118.

Rao, P. Venkateshwar, "Ethnic conflict in Sri Lanka: India's role and perception", *Asian Survey*, Vol. 28, No. 4, 1988, pp. 419 – 436.

Root, F. and A. Ahmed, "Empirical determinants of manufacturing direct foreign investment in developing countries", *Economic Development and Cultural Change*, No. 27, 1979, pp. 751 – 767.

Russ, K. N., "The endogeneity of the exchange rate as a determinant of FDI: A model of entry and multinational firms", *Journal of International Economics*, Vol. 71, No. 2, 2007, pp. 344 – 372.

Siddharthan, N. S., "Regional differences in FDI inflows: China-India comparison", *Institute of Economic Growth*, 2006, pp. 1 – 20.

Simon, J. D., "Political risk assessment: past trends and future prospects", *Columbia Journal of World Business*, No. 17, 1982, pp. 62 – 70.

Spar, D. L., "National political and domestic politics", in T. brewer and A. Rugman (eds), *Oxford Handbook of International Business*, Oxford: Oxford University Press, 2001, pp. 206 – 231.

Stevens, Guy V. G., "Politics, economics and investment: Explaining plant and equipment spending by US direct investors in Argentina, Brazil and Mexico", *Journal of International Money and Finance*, No. 19, 2000, pp. 153 – 183.

Tuman, J. P. and C. F. Emmert, "The political economy of U. S. foreign direct investment in Latin America: A reappraisal", *Latin American Research Review*, Vol. 39, No. 3, 2004, pp. 9 – 28.

Uyangoda, Jayadeva, "Reform resistance in Sri Lankan politics", *Groundviews*, March 27, 2018.

Vadlamannati, Krishna C., "Impact of political risk on FDI revisited—An aggregate firm-level analysis", *International Interactions*, No. 38, 2012, pp. 111 – 139.

Wei, S. J., "How taxing is corruption on international investors", *Review of Economics and Statistics*, Vol. 82, No. 1, 2000, pp. 1 – 11.

Wei, S. J., "Why is corruption so much more taxing than tax? Arbitrariness kills", *NBER Working Paper*,

No. 6255, 1997.

Xu, D. and O. Shenkar, "Institutional distance and the multinational enterprise", *Academy of Management Review*, Vol. 27, No. 4, 2002, pp. 608 – 618.

Xu, Qinhua and William Chung, "Risk asessment of China's Belt and Road Initiative's sustainable investing: A data envelopment analysis approach", *Economic and Political Studies*, No. 3, 2018, pp. 319 – 337.

袁淼，现为中国人民大学国际关系学院博士研究生、国际能源战略研究中心助理研究员。本科毕业于对外经济贸易大学，硕士研究生毕业于比利时鲁汶天主教大学。主要研究领域为能源国际合作、能源安全问题、南亚政治与经济。参与国家级和省部级科研项目，并在《现代国际关系》《中国石油报》等期刊和报纸上发表数篇学术研究成果。